LES MONGOLS ET
LA PAPAUTÉ

蒙古与教廷

〔法〕伯希和 / 著

冯承钧 / 译

丝路历史名著丛书

商务印书馆
创于1897
The Commercial Press

Paul Pelliot

LES MONGOLS ET LA PAPAUTÉ

出版说明

漫漫古道，涛涛碧浪，丝绸之路横贯亚欧。古往今来，难以计数的商旅、使节跋涉在丝绸之路上，珍稀瑰宝、奇闻异事流播于丝绸之路。丝路作为商业贸易之路、文化交流之路，联结了古代亚欧诸地的交往，塑造了古代世界的基本面貌，是人类历史上重要的文明互通的平台。

了解丝路、认识丝路、研究丝路，是探究亚欧世界与人类历史发展的重要途径。自古以来，无数先贤为我们留下了关于丝路历史的诸多遗存，众多学人在丝路研究中孜孜探寻，写出令人叹为观止的传世之作。这些丰富的历史遗存与杰出的研究成果，是重塑丝绸之路与亚欧交往历史的上乘之作，对于认识中西文化交流史的重要性自不待言。

行远自迩，笃行不息，商务印书馆推出"丝路历史名著丛书"，旨在广征中国与世界有关丝路研究的史学佳作，选汇为丛书而存录之。从点滴做起，并期涓滴成河，为探究丝路历史留存珠玑，为了解中外交往与历史发展留下宝藏，从而彰显学术，打造精品，弘扬文化，取便学林。深望各界学人共襄助之！

商务印书馆编辑部

2021 年 3 月

前　言

蒙古人西征打开了中国和欧洲交往的道路，导致罗马教廷向蒙古大汗的一系列遣使。教廷档案馆保留的文书，教会史书中的有关记载，都是这方面史实的鉴证，一直为学者们重视和研究。法国著名汉学家伯希和（Paul Pelliot，1878—1945）在 1923 年至 1931 年间刊布于《东方基督教杂志》第 23、24、28 期的《蒙古与教廷》(Les Mongols et la Papauté) 一文，是这方面研究的一个重要成果。

在这篇文章的绪言中，伯氏列举了他准备研究的十个题目，归纳起来可分两类。一类是以教廷档案中发现的蒙古统治者致教皇的文书为对象，如贵由致因诺曾爵四世波斯文答书、1268 年阿八哈致教皇拉丁文书、阿八哈使臣致 1274 年里庸宗教大会拉丁文文件、1290 年阿鲁浑蒙文信札、1291 年阿鲁浑发给的蒙文护照、1304 年哈赞蒙文信札等。另一类是对聂思脱里派的列边阿答、阿思凌、安德·龙如美三人事迹，以及 14 世纪上半叶中国蒙古与教皇交涉的研究。实际上，伯氏此文仅完成其中一部分研究工作，即对贵由汗致因诺曾爵四世信札和列边阿答、阿思凌、安德·龙如美三人事迹这二个课题作出说明，其他则皆付诸阙如。

这项工作，直到 1945 年伯氏逝世以后，始部分由田清波

（Antoine Mostaert）和柯立甫（Francis Woodman Cleaves）继续完成，他们将阿鲁浑的蒙文信札及护照、哈赞的蒙文信札，题为《梵蒂冈秘密档案馆藏的三份蒙文文件》，发表于 1952 年《哈佛亚洲学报》上，并作出翻译和详尽的考释。据二氏之研究，第一份文件，所谓 1291 年阿鲁浑发给的护照，系对原文的误解。此护照实为旭烈兀之子及继承人阿八哈（1234—1282）所发给，日期或为 1267 年，或为 1279 年。护照提及的教皇，亦未完全确定，可能是克烈门四世（Clément Ⅳ，1265—1268 年在位），也可能是尼古拉三世（Nicolas Ⅲ，1277—1280 年在位）。第二份文件，阿鲁浑的蒙文信札，是阿鲁浑致教皇尼古拉四世的。阿鲁浑（1258—1291）是阿八哈之子，仍执行其父与罗马教廷通好的政策。教皇要求阿鲁浑皈依基督教，而阿鲁浑则有礼地予以拒绝。信中维持蒙古人有信仰自由的旧法令，允许他们有选择基督教的自由。第三份文件，1302 年哈赞（1271—1304）写与教皇波尼费思八世（Boniface Ⅷ，1294—1303 年在位）的信札，要求跟教皇联军对付他们的敌人埃及的马木鲁克朝。十三四世纪的蒙文文献传世者不多，这三份文件之公之于世，实为有益的事。此外，澳大利亚学者罗依果（Igor de Rachewiltz）于 1971 年发表的《出使大汗的教皇使者》（*Papal Envoys to the Great Khans*）（斯坦福大学出版社）一书，比较全面地论述了这个时期教廷和蒙古宫廷的关系，可补伯氏这方面之缺。

伯氏此文乃分三次发表，第一卷在 1923 年，第二卷第一、二章在 1924 年，第三章在 1931 年，相隔有七年，因此前后有些地方稍嫌重复。但此文引用了大量的拉丁文和波斯文史料、教会史书以及一些西方学者写作的有关专书和论文，有不少是我们不易见到的,特别是关于列边阿答、阿思凌、安德·龙如美三人事迹的说明和考证,对中外关系史、蒙古史的研究仍有一定的参考价值。

冯承钧先生早于 1941 年就将此文译出,并交予尚智编译馆(未刊)。我们在 1954 年整理冯先生遗著时,未能找到原稿。至 1957 年始经中华书局辗转寻得,惟其中原书第 164 页第 14 行至第 200 页第 5 行之译文已不幸遗失,因此未能即时发表。冯先生在 1946 年 6 月故去,今年是他故去四十周年,特将此遗稿整理出版,作为纪念。

在整理过程中,蒙何高济同志大力协助,将原稿遗失部分重新补译。译完后,又蒙何兆武、耿昇两同志审阅,提出了不少宝贵意见。原书中引录的拉丁文记载和信札,冯先生均未翻译,为了便于读者参考,亦蒙王焕生同志热情帮助,一一译出,在此特别说明,并深表谢意。

陆峻岭

1986 年 1 月 4 日于北京

目　　录

绪 言

1221 年，成吉思汗（Gengis-khan）遣派的使臣出现于高加索
（Caucase）；两年之后，蒙古人大败斯拉夫诸王于迦勒迦（Kalka）
河。1227 年，成吉思汗死，基督教国家始稍苏息。然至 1241 年，
蒙古铁骑进至西烈西亚（Silésie）同匈牙利（Hongrie）境内，须又待
一死讯至，即大汗窝阔台（Ogödäi）之死讯至，才使侵略者返辔而
东。西方望绝复生，乃筹防御新患之法。首欲知者，对于此类突从
亚洲最远草原而来，秘不可测的游牧部落，究竟如何应付。时有流
言，谓有一信奉基督教的专制君王，住在此种部落境内。所以在
1245 年春天，恰在里庸（Lyon）宗教大会行将废黜菲烈德里二世
（Frédéric Ⅱ）以前，教皇因诺曾爵四世（Innocent Ⅳ）咨询方济各
会士（Franciscains）同多明我会士（Dominicains）以后，派遣方济各
会士约翰·柏朗嘉宾（Jean du Plan Carpin）赴斡罗思（Russie）南
部蒙古人所；别遣多明我会士阿思凌·隆巴儿底（Ascelin de
Lombardie）赴镇守波斯（Perse）西北之蒙古统将处；后一奉使，年
代较为不明，尤其是颇少有人研究。柏朗嘉宾同阿思凌并求大汗
皈依基督之教，皆被拒绝。数年以后圣类思（Saint Louis）同威
廉·卢布鲁克（Guillaume de Rubrouck）成绩亦不见佳。可见自
此时始，有一种计划发生，谋使西方基督教徒与蒙古人订立协约，

甚至订立盟约。因为当时他们有一公敌,就是伊斯兰教,尤其是统治西利亚(Syrie)的埃及马木鲁克朝(Mamlouks)诸算端(sultan)代表的伊斯兰教。使臣往来,诺言交换。然而距题皆远,每次必有一方同盟者背约不赴。最后至14世纪初年,波斯的蒙古君主正式皈依伊斯兰教以后,与蒙古联合共击马木鲁克朝的一切军事合作计划,因之预先打消。此类表面上无成绩的遣使,同此类流产的试验,要不能谓非亚洲高原同西方古交际史中之一异迹。时常有人研究,18世纪有莫斯海姆(Mosheim),19世纪有缪萨(Abel Rémusat)、多桑(d'Ohsson)、大维札(d'Avezac)、玉耳(Yule)等,较近有罗克希耳(Rockhill)、戈尔迭(Cordier)、毕斯雷(Beazley)、沙波(Chabot)、卜烈(G. Pullé)、马兰(Malein)诸君等,更近则有穆尔(Moule)同戈鲁波维次(Golubovich)二君,而我亦在研究之列。研究似已详尽。新近的寻究又在教廷档卷中发现若干惊人文件,如柏朗嘉宾携回之大汗贵由(Güyük)致因诺曾爵四世的答书原本,同波斯蒙古人的蒙文信札数件。教廷监事默尔卡蒂(G. Mercati)主教,经狄斯朗(Tisserant)主教的好意介绍,切嘱我在《基督教东方杂志》(Revue de l'Orient chrétien)中将此类文件,以及若干研究附带问题之文悉数刊布。本编分为数卷,历述下列问题:

(一)贵由致因诺曾爵四世波斯文答书,钤有贵由蒙文印玺(1246年11月初间);初通波斯文之读者是马燮(Massé)君;

(二)聂思脱里派(Nestorien)之审温·列边阿答(Siméon Rabban-ata)、安德·龙如美(André de Longjumeau)、阿思凌(Ascelin)三人事迹;

（三）阿八哈（Abagha）致教皇拉丁文书一件，题 1268 年；业经
狄斯朗主教刊布；

（四）阿八哈使臣致 1274 年里庸宗教大会拉丁文文件；此件
乃经修道院院长薄格觉（Borghezio）发现通知；

（五）阿鲁浑（Arghun）蒙文信札一件，题 1290 年；

（六）阿鲁浑发给之蒙文护照一件，题 1291 年；

（七）哈赞（Ghazan）蒙文信札一件，题 1302 年；

（八）（九）聂思脱里派总主教雅巴刺哈三世（Màr Yahbalahà
Ⅲ）阿刺壁文信札两件，题 1302 同 1304 年，经狄斯朗主教翻译刊
布，畏吾儿文印文经我翻译；

（十）对于 14 世纪上半叶中国蒙古人与教皇交涉之若干新的
说明。①

如许卷帙，尚未能将我所裒辑之簇新资料尽量包容，是皆足以
使人详悉十三四世纪中亚与东亚基督教状况之文献也。可是其他
文件泰半涉及聂思脱里派，而且写以汉文。② 我拟在别一文中详
细说明，顾资料太多，恐延展时间甚久。

_____

①　我曾在考古研究院 1922 年 1 月 20 日、2 月 17 日、7 月 7 日等会议中将教廷文
件发现事声明，此外在 1922 年 8 月 4 日会议中言及列边阿答（参看《考古研究院报告》
［*Comptes rendus de l'Académie des Inscriptions*］1922 年刊第 41、52—53、234—235、
268—269 页）。最后在 1922 年 10 月 25 日五院大会中对于《十三四世纪教皇与蒙古
人》（*Mongols et Papes aux* ⅩⅢ*e et* ⅩⅣ*e siècles*）曾作简单之说明，其后连同当日宣读
之其他记录一并刊布。

②　关于此类文件者，我曾在《中亚与东亚之基督教徒》（*Chrétiens d'Asie Centrale
et d'Extréme-Orient*）一文中节略言之，已在《通报》（*T'oung Pao*）1914 年刊第 623—
644 页发表（案：此文冯承钧已迻译，见《西域南海史地考证译丛一编》第 49—70 页），其
后所得之资料不少。

第 一 卷

大汗贵由致因诺曾爵四世书

（1246）

　　方济各会士柏朗嘉宾于 1245 年 4 月 16 日离里庸,适当 6 月 4 28 日宗教大会在此城筹备开会之前。[①] 他持有致"达达国王人民"信札一件,题 3 月 5 日,或为 3 月 13 日之误。[②] 因诺曾爵四世责蒙

---

① 参看大维札《柏朗嘉宾修士蒙古记》(*Relation des Mongols ou Tartares par le frère Jean du Plan de Carpin*)载入《地理学会刊行之行记记录汇编》(*Recueil de Voyages et de Mémoires Publié par la Société de Géographie*)第四册,1839 年刊第 464 页(大维札之研究,载入第四册第 399—779 页,今尚无代替此编之新作)。大维札误以里庸宗教大会第一次会议在 6 月 20 日,罗克希耳(《卢布鲁克修士行记》[*The Journey of Friar William of Rubruck*]前第 22 页)又误作 26 日;据马斯·拉特里(Mas Latrie)《年代学宝鉴》(*Trésor de chronologie*)第 1301 行,同波特哈斯特(Potthast)《摘记》(*Regesta*)第二册第 992 页之记录,应为 28 日无疑。

② 瓦丁(Wadding)《方济各会年记》[*Annales Minorum*],1245 年第 4 号),斯巴拉莱亚(Sbaralea)《法兰西教皇谕集》[*Bullarium Franciscanum*]第一册第 353 页),厄贝尔(Eubel)《摘要》[*Epitome*]第 361 号),波特哈斯特(《摘记》第二册第 11572 号)著录信札日期并作 3 non. martii,质言之 3 月 5 日;惟教廷册籍作 3 idus martii,别言之 3 月 13 日。而下列诸书亦作 13 日:泰纳(Theiner)《匈牙利史料》(*Vet. Monum. Hungariae*)第一册第 195 页;埃利·贝尔热(Elie Berger)《因诺曾爵四世册籍》(*Registres d'Innocent Ⅳ*)第 1365 号(戈鲁波维次《圣地书录》[*Biblioteca Bio-bibliografica della Terra Santa*],第二册,1913 年刊第 322 页注 2 误作 1364 号);罗登贝格(K. Rodenberg)《十三世纪通信选》(*Ep. saec. XⅢ sel.*)第 105 号(《日耳曼历史资料》[*Mon. Germ. Hist.*],柏林[*Berlin*]1887 年刊第二卷第 74—75 页)。罗克希尔(《卢布鲁克行记》前第 22 页)著录之 3 月 9 日毫无根据。

古破坏屠杀之非，劝其悔过，措词自难使之接受，但教皇措词实务求温和，并愿获有一种协议与一种协定。此书几全属政治性质，并未要求大汗皈依基督教。然除此交与柏朗嘉宾之"Cum non solum"（不仅）信札外，同日或八日前（假定此书作于 3 月 13 日），因诺曾爵四世又有一致"达达国王人民"之"Dei patris immensa"（主之无限之）信札，应由方济各会士罗朗·葡萄牙（Laurent de Portugal）携往，此书仅言宗教，欲劝受书者领洗。

　　交与罗朗·葡萄牙之信札，引起一种难题，尚未有人解决，欲在此处作详细的说明，文太长而枝节甚多。戈鲁波维次神甫（《圣地书录》第二册第 319—324 页）首先根据多数可能参考之文献而求一种答解。据说罗朗·葡萄牙持有仅致"达达国王人民"之信札一件，往谒波斯或高加索之某达达君主，至若交与柏朗嘉宾之信札，则致"达达大国王与人民"书，往谒哈剌和林（Karakorum）大汗。我以为此说不甚充足。[①] 首应言者，两札称号之殊异似无根据。斯巴拉莱亚之《教皇谕集》于两札"王"（regi）字前并著录有"大"（magno）字，而厄贝尔之《摘要》对于柏朗嘉宾所持之信札，王字前亦著"大"字，惟在罗朗·葡萄牙所持之信札中，"大"字加括弧以别之，然而瓦丁、泰纳、波特哈斯特、罗登贝格（第 102 号和第 105 号）诸编所录两札称号皆无"大"字，贝尔热君未言有之；教廷

---

① 戈鲁波维次神甫的撰作，在方济各会资料方面固可宝贵，然在东方史地方面则不尽确实可靠；第 318 页，柏朗嘉宾自波兰抵斡罗思（实抵伏尔希尼亚［Volhynie］），而在经过乞瓦（Kiev）以前，未"至莫斯科（Moscou）"，第 319 页，西北波斯蒙古统将拜住那延（Baičn-noyan），而非拜都汗（Baidu Kan）；第 320 页，窝阔台殁于 1241 年，非 1246 年。

册籍未见著录。① 纵在何处有此殊别，要不足为戈鲁波维次神甫立说之根据。② 至若因诺曾爵四世对于蒙古人之组织，毫无所知，致书于其"国王"与其"人民"，无论有无"大"字，盖交受书者转达于上，如能见大汗，即面呈大汗也。③ 戈鲁波维次神甫谓罗朗·葡萄牙被遣赴波斯与阿美尼亚（Arménie）之蒙古人所，而柏朗嘉宾则派往窝勒伽（Volga）河畔之蒙古人所。此说较易承认。然而亦不失为一种无根据之推测，盖吾人对于罗朗·葡萄牙所循之路途毫无所知，此特假定其业已首途而言也。况且两使皆在同日被遣赴蒙古人所，路途虽殊，要不能说明其所持两札内容之异。④ 我的印象——仅仅印象而已——较之戈鲁波维次神甫印象距离颇远。我以为罗朗·葡萄牙似已被派，诚如 1245 年 3 月 5 日信札所云。然在数日以后将其使命解除；别命柏朗嘉宾奉使，而以 3 月 13 日之"不仅"信札付之。然则为何又写此内容大殊之新札欤？现颇难言。或者因柏朗嘉宾年逾五旬，似较罗朗·葡萄牙年岁甚高，当一

————————————

① 尚须附带言及者，泰纳书第一册第 194 页曾言所见教廷册籍所载交于罗朗·葡萄牙之信札，首题 Dei patris universa（主之全部之）而非前人与后人所录之 Dei patris immensa（主之无限之）。

② 我实不知此"大"字何自来。斯巴拉莱亚著录此"大"字（《教皇谕集》第一册第 353—354 页），然自称识此二札于教廷档卷中（实在是册籍），瓦丁亦然，惟无"大"字。至厄贝尔在此 Cum non solum（不仅）信札称号中仍保存此"大"字者，必定是简单抄录斯巴拉莱亚之文无疑。惟见 Dei patris immensa（主之无限之）信札无"大"字，而仍保留于括弧中者，或因不欲改所录之文欤？

③ 当柏朗嘉宾在途中初见蒙古人而被讯问时，曾言奉使"国王及各王公和全体达达人处"（大维札第 739 页），并未将一"大王"与一属下国王予以判别。

④ 但是两札有声述请求保护教廷使者与选择使者之理由一段，其文相同。后此行将言及之 1245 年 3 月 21 日与 3 月 25 日，Cum simus super（当我们停留时）信札亦录有此段文字，惟略为改订而已。

切基督教民族大祸临头之时，若仅遣之赴蒙古人处讲说教义，未免

7 不合时宜。若谓贵由答书系据因诺曾爵四世来书而假拟有劝其领
洗之事，然 3 月 13 日信札中无此语也。又一方面，柏朗嘉宾在斡
罗思南部初与蒙古人接洽之时，曾向蒙古人言其奉使目的（大维札
第 739 页），是为柏朗嘉宾陈述教皇致达达国王人民信札内容之惟
一语句；据柏朗嘉宾记录，首行云："教皇让吾人，犹如在其自身之
信札中者，劝谕他们成为基督教徒，信仰我主耶稣基督，因他们别
无其他得到拯救之途径。"其后始为 1245 年 3 月 13 日信札之实在
节录。然则此头一段仅为柏朗嘉宾之口头说明欤？此事有其可
能，可能后为贵由详细翻译时，情形恐不如是。或者柏朗嘉宾除所
携之 3 月 13 日之信札外，尚持有 3 月 5 日原为罗朗·葡萄牙所作
信札之副本，仅将罗朗·葡萄牙之名易为柏朗嘉宾也。[1]

　　柏朗嘉宾于 1245 年 4 月 16 日发足里庸，约费 10 个月之时间

---

　　① 柏朗嘉宾所携带之教廷信札，应不仅限于致蒙古人信札而已。他本人在其书
卷首（大维札第 604 页）曾言教皇派彼往使"达达与其他东方国民"，盖因基督教界有危
难，故决定先诣蒙古（达达）；他应持有致"其他东方国民"信札。我以为此类信札可得
言也。当柏朗嘉宾行赴蒙古途中，经过伏尔希尼亚时，其地公爵瓦西勒可（Vasilko）召
集众主教，柏朗嘉宾曾对众云"教皇信札，在该信札中，教皇告诫彼等，应该复归圣母教
会的统一性"，则柏朗嘉宾已携有此种信札矣。柏朗嘉宾先拟取道地中海东部，亦有其
可能，戈鲁波维次书第二册第 316 同 317 页所志若干资料，即涉及此最初计划与其变更
事。则斡罗思诸主教所作那些公函，盖写于柏朗嘉宾决定经行博海迷（Bohême）及其他
斡罗思地方以后。然此种信札只能为 1245 年 3 月 21 日致国王戈罗曼（Coloman）与 3
月 25 日致东方基督教别派诸教长全体之 Cum simus super（当我们停留时）信札复本
（波特哈斯特，第 11606、11613 号；戈鲁波维次，第二册第 316 页）。因诺曾爵四世特别
声明持此信札者是方济各会士，并请诸接书者帮助这些使者前赴蒙古；所言应为柏朗
嘉宾之奉使。

经行欧洲,仅在 1246 年 2 月 3 日离乞瓦城。^① 二十日后,始遇初见　8
之蒙古人,乃节述教皇札中语,告以来意。其首领阔连察
(Corenza)是驻扎的涅培儿(Dniéper)河左岸之统将,欲命人译教
皇信札文,惟从乞瓦城携来之译人未能达其意,阔连察命送行人至
窝勒伽河总领军队的拔都(Batu)之驻所。拔都,成吉思汗孙也。
拔都供给译人,4 月 6 日译教皇信札"in litterà ruthenicâ,
saracenicà,et in litterà Tartarorum"(大维札第 745 页),别言之,
为斡罗思语、"回回语"(Sarrasin)^②、蒙古语;拔都似识字,曾详审
蒙古语译文;决定送柏朗嘉宾至蒙古本土大汗处。^③ 1246 年 7 月
22 日行抵距离哈剌和林半日程之昔剌斡耳朵(Sira-Ordo)皇帝行
宫;柏朗嘉宾留居至 11 月 13 日,曾见 8 月 24 日贵由即位典礼。

　　拔都将教皇来书译文同柏朗嘉宾之口头声明转呈大汗(大维
札第 754 页)。其后复又命人在哈答(Qadaq)、八剌(Bala)、镇海
(Činqai)三大臣前将教皇信札翻译两次(第 763—764 页),哈答、
镇海二人奉基督教,然属聂思脱里派;以斡罗思公牙罗思老
(Yaroslav)之随从名铁木耳(Temer)者为译人。^④ 贵由欲答书,
命人询问教皇左右是否有人能解斡罗思语、"回回语"或达达语(蒙

---

① 原文作清净瞻礼节第二天(Secundà die post festum purificationis Dominae nostrae);清净瞻礼节在 2 月 2 日;则发足时在 2 月 3 日。大维札(第 482 页)、罗克希耳《卢布鲁克行记》第 8 页)并误解第二天(Secundà die)为"二日后",而谓行期在 2 月 4 日。

② 此名训义后别有说。

③ 柏朗嘉宾似愿将因诺曾爵四世信札交拔都手,他同本笃·波兰(Benoit de Pologne)临行时"悲泣不知将来生死";当其与诸同伴告别时自有此感。

④ 此外参加者有书记二人,一为牙罗思老之随从,一为皇帝侍臣;罗克希耳《卢布鲁克行记》第 27 页)曾误以铁木耳为书记中之一人。

9 古语）。① 柏朗嘉宾答称无人能解此种语言，西方固有"回回"，然寓教皇甚远，曾献议将大汗答书写以蒙古文，并命人向彼解说，然后彼将原文同译文呈递教皇（第 764 页）。11 月 11 日三大臣将贵由答书逐字对柏朗嘉宾解说，旋恐有误会，又命柏朗嘉宾将其拉丁语译文返向彼等解说。最后以西方或有人能解"回回语"，乃将答书"重写"为"回回语"。11 月 13 日贵由答书盖用帝玺毕，发交柏朗嘉宾，彼于即日首途。1247 年终，因诺曾爵四世之使者安抵教廷，以大汗答书呈递教皇。

　　如前所述，贵由答书计有三本：一为蒙古语原文，一为根据蒙古语之拉丁语译文，一为 11 月 11 日最后写定之"回回语"译文。柏朗嘉宾是否并将此三本携回？缪萨无讨论地承认有之，以为教皇使者携回有三种语言之贵由答书，"曰达达语，曰拉丁语，曰回回语，质言之阿剌壁语或波斯语"。② 我在 1922 年 1 月 20 日向考古研究院简单报告教廷新发现之文献时，亦曾言及柏朗嘉宾携回之三文，今则以其事可疑。柏朗嘉宾在 11 月 11 日根据蒙古语原文译为拉丁文，然在是日会晤终了之时，蒙古人"重写"答书为"回回语"，以为西方或有人能通其读也；11 月 13 日仅言将盖用帝玺之

10 信札一件发交。所以我现以为柏朗嘉宾所携回者，除拉丁语译本外，只有贵由答书原本一件，质言之，11 月 11 日代替蒙古语原本

---

　　① 柏朗嘉宾曾以贵由答书不仅致送教皇，而且并致"其他诸王"（第 767 页），尚未审其故。

　　② 见《基督教国诸王与蒙古诸帝之政治交际录》（以下简称《交际录》）（*Mémoires sur les relations politiques des princes chrétiens，et particulièrement des rois de France，avec les empereurs mongols*），第一记录，《考古研究院记录》（*Mémoire de l'Ac. des I. et B.-L.*）第六册，1822 年刊第 428 页。其中所著 1247 年 11 月，盖为 1246 年 11 月之误。

之"回回语"本也。

贵由答书未载入柏朗嘉宾之《蒙古史》(*Historia Mongalorum*)流行本中,而此"回回"文同拉丁语译文,不为考据家所识久矣。缪萨(第 428 页)在 1822 年尚就柏朗嘉宾记贵由事之语气,与当时记事中之消息,而推测"答书不合因诺曾爵的见地"。[①] 后至 1838 至 1839 年间,大维札始在柯尔伯(Colbert)旧藏诸写本中发现柏朗嘉宾之拉丁语译文,序在本笃·波兰略记之后,乃刊布之(第 594—595 页)。今已证明此本不全。别有一本,文颇异而较全,业经卜烈君根据维也纳(Vienne)藏编 512 号之拉丁语写本,于 1913 年载入其刊行之《蒙古史》本中。[②] 同年赫尔德-埃格尔(Holder-Egger)君又据别一全本,即维也纳藏编 389 号之别一拉丁语写本而刊布之,此本在数点上较卜烈君之本为优。[③] 惟柏朗嘉宾在 11 月 11 日详细译写的拉丁语本,最佳者要数萨临边(Salimbene)载入其《记事》中之本,盖从柏朗嘉宾原写之本抄录者也,或因萨临边于 1247 年初在里庸城北某地,[④] 逢教皇使者于归途,或因其于 1248 年 3 月在桑(Sens)城与之相聚而录其文。此贵由答书之拉丁语本,业经戈鲁波维次神甫在 1906 年使之重显于世,可以大有

11

---

① 戈鲁波维次神甫(第一册第 192 页)谓缪萨曾将贵由答书拉丁语本刊布,误也。

② 此本载入卜烈君刊行之《印度伊兰语学之意大利的研究》(*Studi italiani di filologia indo-iranica*)第九册中。

③ 参看赫尔德-埃格尔《萨临边记事》(*Croniea de Salimbene*),《日耳曼历史资料》之校勘本,第 32 卷(1913 年刊)第 207 页。卜烈君曾将维也纳藏柏朗嘉宾之两写本研究过,好像未曾研究此本,观其与柯尔伯本,同编 512 号拉丁语写本之相类,可以使人想象其内容亦有本笃·波兰之记也。

④ 必是赫尔德-埃格尔君(第 206 页)假拟之维尔弗朗歇(Villefranche)城。

助于在教廷发现的"回回语"原本之说明,不能不将其转录于下:^①

达达汗致教皇因诺曾爵四世书

天主之气力,全人类之皇帝,^②极其明确真诚地致书大教皇。你等会议,你教皇及全体基督徒愿与吾人讲和,并遣来使臣。此点业经来使奏闻,信札中亦有申述。你等如若希望与我们讲和,为缔结和平事,你教皇及诸王公显贵应毫不迟疑地前来朝见我。届时将会听到我们之答复和要求。你在来信中称,我等应该领洗,成为基督教徒,我们对此仅给以简单之回答:我们不解,为何我们必须如此。再者,你在来信中称:许多人,特别是基督教徒,其中尤其是波兰人、摩剌维亚人(Moravorum)和匈牙利人,惨遭杀戮,你们对此深感惊骇。我们对此亦给予同样之回答:我们对你等的话亦不解。然而,对下述问题,我们认为无论如何不能缄默不言,必须予以答复。你们说,由于成吉思汗(Cyngis-Chan)与汗(Chan)^③不服从天主之命,不听从天主之教训,召开大会,杀害使臣,故天主

① 我所据者乃赫尔德-埃格尔君(第 207 页)在 1913 年刊布之萨临边本,此本较之戈鲁波维次神甫(第一册第 192—193 页)所据 1857 年之刊本为优。都灵(Turin)城藏有一写本,内有《蒙古史》之节录文,不免讹误,亦经戈鲁波维次神甫(第一册第 202—212 页)刊布。其中有大汗致皇帝之答书,颇简略,其内容实与贵由答书不同,然与拜住那延代大汗交与使者阿思凌之答书相类。

② 应注意者,此处未著任何大汗名号。柯尔伯本妄加"成吉思汗";维也纳藏编 512 号拉丁语写本有"贵由汗",应是后人窜入,盖据后录之"回回语"本,与萨临边所录拉丁语本以及维也纳藏编 389 号拉丁语本,书首皆无何种特别名称。则蒙古人似在 1246 年后变更旧习,盖其后"圣旨"常在诏首书明发布此诏之汗名也。

③ 此第二 Chan 字代表"汗"(qa'an),我后此别有说,只此一字足证其所指者是窝阔台。

决定殄灭他们，把他们交到你们手里。其实，倘若不是天主所使，凡人如何可以这样处置他人呢？你们认为，只有你们西方人是基督教徒，并且蔑视他人。但是你们怎样知道天主究将加恩于谁人乎？我们崇拜天主，仰承天主之气力，从东到西，摧毁了整个大陆。若不是由于天主之气力，人们又能有何作为？倘若你们渴望和平，希望把你们之幸福托付给我们，你教皇应该立即亲率诸基督教显贵前来朝见，缔结和平，仅在此时我们才能知道，你们确实渴望与吾人讲和。倘若你不遵从天主及我等之命令，不接受来此朝见之谕旨，届时我们将认为你们决意与我们为敌。彼时将如何，我们不知，天主知之也。[①]首任皇帝成吉思汗，第二任皇帝窝阔台汗（Ochoday-Chan），第三任皇帝贵由汗（Cuiuch-Chan）。——达达汗致教皇书内容如此。

由是观之，贵由答书之拉丁语译文重显于世，特在 1838 至 1839 年间所见者为多少残缺之本，嗣在《萨临边记事》诸刊本中所见者为全本。然世人对于"回回语"本始终不详其内容。缪萨对此 Sarrasin（回回）一字解说纷歧。言及译因诺曾爵信札为"斡罗思语、回回语、达达语"时，曾以"阿剌壁语"代替"回回语"（第 427 页），然在后页解说 1246 年 11 月 11 日所写贵由答书之"回回"，则曰"质言之，阿剌壁语或波斯语"。大维札（第 485 页）对于前一事

---

① 贵由答书实止于此，其后列举之三大汗名，应是萨临边闻之于柏朗嘉宾者。书后所题年月在任何拉丁语译本中皆未译出；或者柏朗嘉宾将其遗置；抑原蒙古语本尚未著录年月也。

中之"回回",据云"回回"大致训作"阿剌壁",然在后一事中则疑为
13 突厥语;反之,对于 11 月 11 日答书,则无疑地云(第 593 页)"别以
阿剌壁语译文一件付之"。罗克希耳、①卜烈君、马兰君,皆未言及
"回回"作何解。戈鲁波维次神甫(第一册第 213 页)以其为"阿剌
壁语"之等称。最近的发现,表示"回回"一字在此处既非阿剌壁
语,亦非突厥语,而仅指波斯语也。② 兹请言此本之如何发现。

　　西利尔·卡拉烈夫斯基(Cyrille Karalevskyj)神甫近在教廷
为安德烈·斯捷普托斯基(André Szeptyckyj)主教创设的斡罗思
(ruthène)历史传教会寻求文献时,于 1920 年在教廷档卷内题作
"堡档"(Archivio di Castello)(盖因其来自圣昂格[Saint-Ange]堡
之旧档,故以为名)中发现若干东方文字卷宗,以示教廷图书主任
狄斯朗主教。狄斯朗主教在此卷内识有聂思脱里派总主教雅巴剌
哈三世信札原文一件(嗣后应发现一第二札),又见有蒙古文与波
斯文文件三件。波斯文文件的摄影,曾寄交马燮君,经其作暂时的
译解;惟为其他工作所累,既见此文件首数行似为突厥文,尚有畏
吾儿文或蒙古文之印章两颗,马燮君乃将此摄影寄交德尼(Deny)
君,复由德尼君交我一阅;仅观马燮君之暂时译文,已足证明其是
贵由答因诺曾爵四世书之"回回语"原本,而此原本乃写以波斯语
言。默尔卡蒂(A. Mercati)主教当时知悉,欣然核准,许将此文件

---

①　惟罗克希耳(《卢布鲁克行记》第 48 页)以 Sart、Sarta'ul、Sartaqĕin 与 Sarrasins
语源皆同,此语绝对错误。

②　此并非谓柏朗嘉宾所用之 Sarrasin 字(所代表者定是 Sarta'ul)在蒙古人视之,
仅具"波斯语"之义,然此乃"伊斯兰教徒"(musulman)之等称,凡用阿剌壁字书写之文,
不论所写者为何种语言,在蒙古人视之皆为 Sarrasin 语,犹之中国人之称"回回"
(houei-houei)也。

刊布。欲使刊布之文不误，我曾就正于俞阿尔（Huart）同米儿　14
咱·穆罕默（Mirzâ Muhammad）二君，今对之皆表感谢之意；而对
于马燮君之暂时译文感谢尤深。但在波斯语信札译文方面，与突
厥语冒头暨蒙古文印玺之译解方面，我所止之见解，与不免之错
误，仍由我个人负其责任。

今将卡拉烈夫斯基神甫1922年1月12日交来所记此项文件
外形之文录下：

> 此札用黑墨写于棉纸上，① 无花纹，带黄色，色似自
> 然……。长一公尺十二公分，宽二十公分。用两纸粘贴，一纸
> 长六十七公分，一纸长四十五公分半，粘贴处占一公分，尚未
> 计焉。右方有余边三公分，左方无，四围未曾装裱。蒙古文印
> 章两颗，朱色；第一印长十五公分，宽十四公分半，第二印宽长
> 各十四公分半。② 每印文有字六行，仅有细栏围之。下方背面
> 有墨书"第十八号，阿剌壁语"字样，盖出十六世纪人手笔。我
> 曾检查圣昂格堡之旧索引或入藏册籍，皆未载有此件。索引编
> 制不依方式，出多人手，就中有十七世纪之管档员孔法洛捏里
> （Confalonieri），盖供特别研究之需者。完全整理，需时甚久。

附载之两图，可免详细说明；尤其是贵由之朱印，曾经罗马摄
影师蓬佩奥·圣萨伊尼（Pompeo Sansaïni）君在黑字上隔离摄出。

贵由答因诺曾爵四世书波斯语译文：　　　　　　　　　　　16

---

① 此"棉纸"旧说不实，世人已知之矣。我在1922年夏，曾有机会见此原件，其
纸与后来波斯蒙古人所用之纸相同，并据维也纳之考查，业已证明纸非棉料。

② 两颗印文皆用同一印玺钤盖；印方形，宽长各异者，盖纸之伸缩有以致之。

长生天气力里，大民族全体的海内汗圣旨。[1]

圣旨[2]交与大教皇[3]知悉[4]。

17　你每在大怯怜（kärāl）[5]地面……里会议[6]后，[7]送来降附[8]请

---

[1]　此冒头是突厥语，后此别有详细说明。

[2]　原文 mithāl 在蒙古时代波斯语文件中有君主命令诏敕之确定意义；除沃勒斯（Vullers）书外，可参考伯劳舍（Blochet）《蒙古史》（*Hist. des Mongols*）第二册第 39 页第 16 行。

[3]　原文 Pāpāi-kalān。文内无音点，我未敢断言书手所写者，确为 Pāpā，抑为用蒙古式之 bābā（中世纪蒙古语无 p，惟蒙古人在采用的外国字中或作如是读）。

[4]　原文所用字在全札中，皆用"知道""了解"之义，而无"使知"之义；此外原文尚有"接受""奉到"之义（由知道之义转出）。

[5]　原文 kärāl，显是斯拉夫语、匈牙利语等从查理曼（Charlemagne）名称中摘出，而在其本国语言中转训作"王"者是也。有若干波斯史家，采用此字将字母易位写作 kälär，而适用之于匈牙利国王或波兰国王，可见貴由答书写法尚为正确；中国译名"怯怜"，据当时译写习惯，假拟的对称亦是 kärāl（在理论上对 kälāl，亦有其可能，然不合事实），而非 kälär。此后尚见此 kärāl 字两用，并作复数。此处则用单数，则所指者应特为某国王。13 世纪末年，法国国王以 redifrans 称号而名于东方，并且为波斯之蒙古公文所录，然在五十年前不应如是。我虽不知所言者为何种"讨论"，此处所关系者或者不难解说。《萨临边记事》（第 207 页）志有貴由与柏朗嘉宾谈话一段，而《蒙古史》中无此文。根据此段谈话，似可思及"怯怜"在此处所指者得为德意志皇帝，惟因诺曾爵四世适在欲将菲勒德里二世废黜，未必预先与之商洽。此外或因此帝之废黜，故在《蒙古史》文中删此一段谈话欤。

[6]　原文 kängäš 确为中世纪波斯语从突厥语采用之字的畏吾儿文写法（参看拉德罗夫［Radlov］字典）；波斯语亦作 kängäc（参看沃勒斯书第二册第 900 页），例如伯劳舍《蒙古史》第二册第 15 页第 11 行又第 51 页第 9 行所著录者是已。kängäs 之义是"会议""讨论"；可与拉丁语译文之 habito consilio 对照。

[7]　此句颇难译，今据可靠的译文部分，同拉丁语译本对照之文译出，不能保其不误。

[8]　"降附"意思由波斯语之两个用-i 的抽象词表示之，然第一词用突厥语之 il 构成（此突厥语字已转入蒙古语中，并参看迦特儿迈儿［Quatremère］《蒙古史》［*Hist. des Mongols*］第 73 页），第二词用一伊兰字构成。特违背波斯语惯例，未用连接符号结合。又如第 17 至 18 行所用之"使臣"字样，亦是用两字表示，一为突厥字，一为波斯字（实在是阿剌壁字），两字并用而无连接符号。好像在越南半岛同南海群岛亦有相类现象，其他往往将一梵语字同一土语相对字叠用（参看俞贝［Huber］说，见《远东法国学校校刊》［*Bulletin de l'École Française d'Extrême-Orient*］第 5 卷第 173 页）。

求,^①已经你每使臣^②奏闻。

若是你每行能践言,^③你是大教皇,应率同诸王^④一齐亲来朝 18
见,届时我每将以札撒(yāsā)^⑤宣谕。

再者。你每说若我领洗,^⑥此是好事,你已告我,并送来请求。
你的请求,我每不解。

---

①　原文 ötüg,犹言"祈愿""请求",迄今在波斯语中似未见之,而拉德罗夫字典尚
仅知有突厥语之 ötünč,然而 ötüg 今在畏吾儿文中已见著录(参看缪莱［Müller］《回鹘
史料集》［Uigurica］第二册第 16 页第 2 行;勒柯克［Le Coq］《和卓之突厥语摩尼教经》
［Türk. Manichaica aus Chotscho］第一册第 11 页第 2 行;伯希和说,见《通报》1914 年
刊第 265 页);此字在写法上同训义方面,恰与蒙古语之 öčik 相对。

②　此处"使臣"用字是突厥语之 ilči(elči)。其在贵由答书中用复数,似同时对教
皇同"诸国王"而言。若贵由仅指教皇言,则用"你"。

③　我照字面翻译。沃勒斯对于此语所定之义似难适用于此。

④　此处与第 27 行同,käräl 之复数并写作 kärällän 而非 kärälän,与第 17 行复数
写作 rasüllän 不作 rasülän 情形相同。

⑤　在此处见波斯史家之札撒写法在 1246 年业已著录。不无兴趣,盖突厥语与蒙
古语大致照例用 yasaq 也。按札撒为成吉思汗所订法令之称。

⑥　按字翻译,犹言"入 šiläm 中"。此字非波斯语,迄于现在突厥语同蒙古语中尚
未识有之。要可确定者,此语与拉丁语译本之 baptizari et effici christiani(领洗成为基
督教徒)相对。又一方面本编行将刊布之阿鲁浑 1290 年蒙古语信札,言及"基督教诸
民族"(kiristan irgän)同他曾为 šilämtäi 的祖母;此形容词照例本于 šiläm 而其意义必为
"领洗者"或"基督教徒";复次阿鲁浑言本人曾被劝"入 šiläm 中"(šilämtür oratughai),同一构
成语句曾两见同一信札中;此恰为吾人今在波斯语中所见之对称。然此充分专门的
šiläm 名词而经西波斯书手用于此处者,究从何自来? 首应知者,在波斯语写法中同在蒙
古语写法中一样,亦可读作 siläm;近代蒙古语凡在 i 前者皆读若 š-,第有若干现在之 ši-
在古时应读若 si-,尤其是由突厥语输入蒙古语中的外国字。我曾想到此 siläm 或 šiläm
疑是假借含有救赎意思之闪语(sémitique)的字根;通常由西亚语输入者,字首声母
应是 š-,然 šlam 在西利亚语中训作"平和",而非"洗礼"。至我决采"洗礼"之义者,盖因
旧蒙古语中有一动词 šilämdä-,其义犹言"润湿""浸在水中",照例应是从 šiläm 转出之
名称动词。此 šiläm 与形容词为 šilämtäi,今日蒙古语皆不知有之。然则原为外国字
欤? 此事可能;尤可证原出外国一说者,全札之中别无其他蒙古字;但是由此字转出
之动词,在旧蒙古语中毫无宗教意义。最后尚应声明者,šilämdä-系于 šiläm,我以为颇有
根据,则科瓦莱夫斯基(Kovalevskiǐ)所著录之 šilämdä-写法,应较早于若干土人字书与戈
尔斯通斯基(Golstunskiǐ)所录之 šilämädä-写法。

19　　再者。你每有此话说："你每既取马札儿(Mājar)与诸契利斯丹(kiristān)①之一切地面；我为此惊异。可向我每说，他每究有何种过恶？"②你说此等言语，我每亦不解。成吉思汗与合罕③二人皆

20将天主命令传知。然天主命令未见信从。你说他每已开大会，④竟敢不逊，杀害我每使臣。⑤ 在此等地面里，屠灭人民的乃是长生

---

　　① 拉丁语译本在此处言及杀戮多人，及"不少基督徒，与波兰人、摩刺维亚人、匈牙利人"。马札儿是匈牙利名称之正式写法，契利斯丹只能代表一般"基督教徒"之名称。我在前注中曾言同一名称并见阿鲁浑之 1290 年蒙文信札著录。由是可见拉丁文译本加入若干种族名称，为贵由波斯语信札所无，若谓在蒙古文信札中有之，似非真相，但应注意者，贵由答书之拉丁文本与柏朗嘉宾在斡罗思南部对初见蒙古人时所言因诺曾爵四世信札之内容相同。顾因诺曾爵四世原札未有此种列举，疑柏朗嘉宾于翻译贵由答书为拉丁语时，忆及前在斡罗思南部与蒙古人之谈话，因而追加。

　　② 因诺曾爵四世信札(大维札第 479 页)诚有此问；然未特别列举何种民族特别名称。

　　③ 柯尔伯写本仅有"成吉思汗"(大维札第 595 页；卜烈第 126 页)；惟维也纳藏 512 号拉丁语写本作"成吉思汗与汗"(卜烈第 125 页)，《萨临边记事》中(见前第 12 页)作"成吉思汗与汗"。虽然两汗并举，然拉丁文译本中并未含有二人之义，初视之，似可认为贵由仅指成吉思汗一人，而同时称之曰汗，曰合罕(qaghan、qa'an)也。然我以为此说非是，此处波斯语明言"二人"。根据一种旧例，此例在近代蒙古史中虽不见有之，然已见蒙古时代之汉文载籍，当时成吉思汗并未加有"合罕"之最高尊号；此号仅由其继位人窝阔台开始冠之。盖吾人曾见不少单用"合罕"而不加别种特称者，即指窝阔台(参看沙畹之研究，见《通报》1908 年刊第 376 页，沙畹虽知其人是窝阔台，然未识合罕称号，而此称号曾见蒙古译文著录也；沙畹仅举三例，然尚可增加若干)。则贵由在此处所言者乃其前任两汗颁布西方之诏书。

　　④ 此处译文不能保其不误。我所参证者乃拉丁语译本之 magnum consilium habentes(召开大会)；kalān 此言"大"，确能比对 magnum，然"大"字以前语句不无疑义。

　　⑤ 关于此 rasūllān-ilčiyān 之两种写法者，可参看第 18 页。诚如大维札(第 595 页)假拟之说，贵由在此处所隐喻者，应是迦勒迦之战前不久，1223 年斡罗思诸王杀害蒙古使臣事。

天主。① 除天主命令外，能有何人独用自己气力敢杀敢为？②

　　你说"我是基督教徒；③我崇拜天主；我蔑视并……"④你何以 21
知道天主赦罪，而对被赦者付与慈悲，你何以知道而使你发表此等
言语？⑤

　　在天主气力里，⑥自从太阳照临西方以来，一切地面皆已委付
我每。除天主命令外，何人敢有作为？现在你每应诚心说："我每
称臣；⑦我每尽力。"⑧你本人亲率诸王一齐来朝，尽职效忠。待至

----

　　① 本札数见之波斯语名，应译为天主。然此为波斯语译蒙古语原本不忠实处，原
本应是 tängri，而此处波斯语隐蔽者，盖为蒙古语原本确有之 mongka tängri，此言"长
生天"也；此亦贵由信札突厥语冒头之 mängü tängri，其意同。由 tängri、khudāi，甚至
由 mängü(mongka)表示之义，颇与突厥语 Tängriberti、Khudāiberti、Mängüberti 表示之
义相近，皆 Dieudonné 之等称，犹言"天赐"是已。

　　② 拉丁语译文较欠明了。我以为此二动词盖喻教皇惊异之杀戮居民、夺据土地
二事。

　　③ "基督教徒"在此处用真正伊兰语名称之 tarsā 表示，犹言"摇动者"，此名在钵
罗婆语(pehlvi)中业已有之，惟在初时以指"修道士"而已，781 年汉文《景教碑》中之"达
娑"即其译名。

　　④ 我对于此字意义，不敢谓确定不误；原文 zārī 可训悲愤，亦可训轻蔑；我盖参证
拉丁语译本之 alios despicitis(蔑视他人)而作此解；第二动词未详。贵由左右有聂思脱
里派信徒，此处或者隐喻西方蔑视聂思脱里教之意。

　　⑤ 此处波斯文必受伊斯兰教用语之影响，未将蒙古语原本语意忠实译出。

　　⑥ 蒙古语原文必是 tängri küčün-dür，亦即札首突厥语冒头中之[mängü]tängri
küčündä 相对用语。

　　⑦ 原文 il，是突厥字而经蒙古语与波斯语采用者，可参看迦特儿迈儿《蒙古史》第
14—15 页，与此后关于贵由印诸注。

　　⑧ 我译作"气力"(force)之字，此处作 küč，而与第 20 行及 24 行所用之波斯语不
同。可以确知者，蒙古语所用者必皆是 küčün，拉丁语译本皆作 fortitudo 是也。可是与
蒙古语 küčün 相对之突厥语字即是 küč，在突厥语中用 küč ber-语句，一如蒙古语之用
küčün og-语句，皆言"献其力"，其意犹言"事某人"。

此时,我每将知你每归顺。① 若是你每不尊天主命令,而违背我每谕旨,我每将知你每是敌人。②

我每宣谕之词如此。若是你每违犯,我每将来如何知之? 天主将知之也。

644 年第二月主马答(jumāda)之末数日内(1246 年 11 月 3 日至 11 日)写来。③

※

我前将札首突厥语三行翻译,未加讨论。现应将其译写,附以说明,并将蒙古文印玺之文译写于后。两文可以互相对证也。

(一)突厥语冒头:

M(ä)ngü t(ä)ngri küč(ü)ndä┃kür(u)l(u)gh ulus n(u)ng taluï nung┃khan y(a)rl(ï)gh(ï)m(ï)z.

"长生天气力里,大民族全体之海内汗圣旨。"

蒙古文印玺六行:

Mongka t(ä)ngri-yin┃küčün-dür yäkä mongghol┃ulus-un dalai-in┃khanu ǰ(a)rl(ï)kh il bolgha┃irgän-dür kürbäsü büširätügüi ayutughai┃.

① 质言之,届时贵由将知归顺之诚。
② 原文 yāghi 乃突厥字。迦特儿迈儿曾撰专注(《蒙古史》第 128—129 页),惟误视此字为蒙古语而已。
③ 前此已言此波斯语信札确写于 1246 年 11 月 11 日。又一方面柏朗嘉宾拉丁语译本未著何种年月,疑原据之蒙古语信札仅为草稿,未写年月,我以为此蒙古语原本必已弃置不用。

"长生天气力里,大蒙古民族之海内汗圣旨。颁到臣服的民族,敬之畏之。"

突厥语第一行无难题;是为蒙古文诏书开始照例文字。

突厥语第二行头一字,我读作 kür 或 gür,而译为"全体"。此字在突厥语中未曾用此确定训义而延续存在,然已留有痕迹。奥斯马利(Osmanli)语之 gür 训作"富饶""强盛"者,即与此字有其关系,而与阿尔泰(Altaï)系诸方言中意义更为转变之 kür 尤难分离。科瓦莱夫斯基曾在蒙古文言中录有 kür ulus 一语而训为"民族全体"者,只能为假诸突厥之词,无论如何,要可与此处之 kür ulugh ulus 比附。复次克烈部(Keraït)与西辽(Karakhitai)诸君主之旧尊号曰 gür-khan、gurkhan 者,在《元朝秘史》中常译 gür(kür) 之义曰"普"。总之,gurkhan 尊号之遗念,兹复重见于此处蒙古皇帝之称号中。

第二字只能为 ulugh,犹言"大"与印玺之 yäkä 训义正合。

ulus 在突厥语与蒙古语并见有之,而在此处亦互见于突厥语冒头与蒙古语印玺中。

突厥语第二行末尾一字之解释,若无蒙古语印玺文参证,势必犹豫难决。突厥语之 taluï 犹言"大海",在蒙古语中作 dalai,世人业已知之;此处突厥语冒头之 taluï nung khan,恰与蒙古语印玺之 dalai-in khan 意义相同;则其文毫无可疑。所余者,此种名号之解释耳。其本义应是环绕世界之海洋;"海内"君主即统治此海洋沿岸之君主,质言之,全世界之君主。先是兰斯铁(Ramstedt)君与我有一不谋而合之见解,各以为成吉思汗(Čingiz-khan)之名称,或是 Tengiz-khan 之颚音化的读法,此 tengiz 字犹言"海",恰与此处 taluï(dalai)字之作用相同。[①] 此说固未证明,然而拉萨之达赖剌麻(dalailama)自 17 世纪中叶获有此蒙古称号以后,此"海内"的象征曾大行其运。此外西藏语之对称 rgya-mcho 亦训为海者,在此时以前业已加入大剌麻数人称号之内。则在 13 世纪上半叶此同一象征加入成吉思汗系诸汗名号之中,亦无足异矣。[②]

突厥语冒头末行无难题。

蒙古文印玺首行用语,与蒙古文诏令开始用语皆同,甚至蒙哥名称 Mongka 之沿用的(而未经说明的)写法亦同。[③]

突厥语冒头名汗曰"大民族全体的海内汗",而对此民族未著特称。蒙古文印玺则名此大民族曰"也客忙豁勒"(Yäkä-Mongghol),别言之,"大蒙古"。柏朗嘉宾曾列举有蒙古本系四族,谓此"大蒙古"为四族之一(大维札第 645 页),成吉思汗系所自

---

① 在突厥语与蒙古语相对名称中颚音韵母前 t<č 声母之互用,常见有之;在其他场合中尚有数例可引,例如成吉思汗长子术赤(Joči),突厥语写其名作 Tuši 或 Toši 是已。兰斯铁君用 tängiz 解说成吉思汗名称之说,曾见《蒙古资料集》(*Mogholica*)第 25 页;我未见其文时亦曾在教课中主张数次。伊本·巴图他(Ibn Batūtah)书写成吉思汗之名作 Tängiz-khān,或者非出偶然。

② 此文甫脱稿,即忆及前曾见有一例,尚未经人引证。《元朝秘史》(*Histoire secrète des Mongols*)第 28 节著录贵由前任窝阔台之尊号曰"答来因合罕"(dalai-in qa'an),汉语译文曰"海内的皇帝"。由是观之,成吉思汗系之称海内合罕者,贵由非第一人。艾蒂安·斡儿帛良(Étienne Orbelian)称蒙哥(Mongka)曰"陆海主",或亦为同一称号(参看圣马丁[Saint-Martin]《阿美尼亚记》[*Mém. sur l'Arménie*]第二册第 131、277 页,伯罗赛[Brosset]《昔温尼史》[*Hist. de la Siounie*]第 229 页),然颇可疑。

③ 参看《亚细亚报》(*Journal Asiatique*)1913 年三四月刊第 452—453 页。——案冯承钧《西域南海史地考证译丛三编》第 71—83 页译有此文。

出之族也。

札儿里黑(ǰarlikh)乃突厥语之 yarlïgh 而用同一写法移植于蒙古语者，故阙韵母，此亦畏吾儿文或阿剌壁文之习用的写法；后来蒙古文曾将韵母补入。

至若 il bolgha，所关系者必是归顺(il)之人；此突厥语字吾人曾在贵由信札本文中见之，亦是昔日移植于蒙古语之中者。① 至若第二字，只能读若 bolgha，犹言"未成"，盖为 bol-(成)之过去分词；所可异者，我在《元朝秘史》之蒙古文中似未见有此种写法。

蒙古时代之诏令，大致殿以禁止之文，续云违者"不怕那甚么?"别言之，畏而勿违。此处殿后之 ayutughai(本于动词之 ayu-，犹言畏)乃命令词之第三位，则位置适宜也。此字前一字，亦无疑义；我读作 büširätügüi，只能认为从动词 büširä-转出的 busirätügäi 命令词之一种微异的写法，至若 büširä-即是今写作 biširä-之动词，犹言"敬"也。büširä-写法盖为 13 世纪的写法；玉耳-戈尔迭(Yule-Cordier)本《马可·波罗》(*Marco Polo*)第一册第 352、355 页转载之八思巴('Phags-pa)文同畏吾儿文牌子两面所用者即此写法。

此一文件不但在教廷与蒙古交际方面具有关系，而且对于蒙

---

　　① 此字在突厥语同在蒙古语中一样写作 il 同 äl(参看拉德罗夫同科瓦莱夫斯基二氏字典)。原文可以读作 il 或 el，然畏吾儿文所写之蒙古语在此处不能作此混读，而贵由印玺在此处保证 il 之读法不误。

古人倾向中国以前之蒙古文化状况供给若干指示。

迄于现在,只有彼得格拉德(Petrograd)亚洲博物院收藏所谓成吉思汗刻石最古,此石勒蒙古语六行,应撰于 1220 至 1225 年间,其文颇难译释;此石以后之蒙古语文献,仅见有 1276 年同 1280 年之八思巴字母碑文两件,与阿鲁浑致法兰西国王菲力帛·勒贝尔(Philippe le Bel)之 1289 年信札一件;兹得贵由印玺之文六行,可以位于此二时代之间而补其阙,在语言方面之关系如此。然在蒙古公文程式方面,此文件供给注意之点亦甚重要。

(一) 就其实在结构言,柏朗嘉宾携回之信札,业已具有吾人所识 13 世纪末年至 14 世纪初年蒙古文件之多数特征:

(甲) 长生天与汗名右面皆超过邻行以外。别言之,写时自上达下,此种特受尊敬的名称,位于一行之首,并高出邻行之上。成吉思汗刻石业已证明成吉思汗之名位置最高,别一行勒某王之名较低。其为仿自中国尊号抬头之例,无可疑也;然欲使成吉思汗时之蒙古人知有此例,似非从畏吾儿人之介绍,无他途也。

(乙) 全文仅有第二行同第四至第七行较低;吾人曾见 13 世纪末年蒙古碑文首列数行亦如是也。盖既将长生天与大汗之名号抬头,以后无须多留空白。由是自十五行始,迄于著录成吉思汗名称之一行,此名不复超出邻行之上。复次根据 13 世纪末年与 14 世纪初年之习惯,凡有"合罕",质言之,言及窝阔台之处,重新抬头;然我所见之 1276 年同 1280 年两碑,在相类情况中,尚用 1246 年信札程式。

(丙) 开始用语虽为突厥语,大致与 1276 年以来之诏令信札开始用语相同,质言之,首书天,次书汗名,次书颁给某人。惟自

1276 年以后,皆录汗名或其他宜谕者名,而在此处贵由仅著尊号,未著名称。

（丁）文件常具年月于后;惟此处一反常例改用回历。交付柏朗嘉宾之文如用蒙古语,必以十二生肖记年,其他殊异之点则在吾人所识之一切蒙古文件常特别著明何地写来。此点我后此别有说。

（戊）印钤于文尾,盖为通例。此外凡有粘贴骑缝处亦用印信以资保障,是亦吾人所见之通例也。

（二）首先出示柏朗嘉宾之文件,盖为蒙古语文件。最后重写以波斯语,然则何以头三行用突厥语欤？我以为此事只能用假设作答。波斯语为伊斯兰教徒之语言,用之于例用的,并且几乎近于神圣的冒头,必为蒙古人所不喜。又一方面,蒙古语之在西方无人解得,尤其是从来未用阿剌壁文字写之。突厥语之便利则在近于蒙古语,而在不少方面与蒙古语有文化的接触,并且曾用阿剌壁字母写过多次。职是之故,我以为从蒙古语译为波斯语之信札,三行冒头用突厥语之理在此。

（三）此波斯语信札中有若干突厥字（无一真正蒙古字,只有šiläm 一字来历不明,然亦得为突厥输入蒙古语之外国字）;泰半为蒙古时代波斯史家业经采用之字。迄于今兹,世人以为此类字乃在蒙古侵略时代输入波斯语中之字。然吾人今见贵由信札中业已通用,其时在报达（Bagdad）哈里发（khalifat）灭亡之前十二年。当时蒙古人固曾占领波斯之地甚广,而在波斯地面所用之官吏不少为畏吾儿人。然亦可主张波斯公文用语中之突厥字,或在蒙古人以前输入,疑为 10 世纪末年抑此时以前,经诸突厥部落强使行用于伊兰地域者也。

　　（四）据中国史文与古蒙古载籍所志之传说，成吉思汗在位初年尚无印信，且不明其用途。惟无可疑者，窝阔台时有之，并且公文程式繁杂。至若此处贵由之印，提供一种特别兴趣。柏朗嘉宾（大维札第 715 页）自称曾译此印之文，所译文必为哈答、八剌、镇海三人所未见："天主在天中，贵由汗在地上，天主气力里，人类全体的皇帝之印。"①所言者应是同一印文，观柏朗嘉宾之词与其情况，无可疑也。贵由适在 8 月 24 日即位。当时蒙古汗廷有一斡罗思匠人名豁思马（Cosmas）者，见柏朗嘉宾食不能饱，曾悯而济之。此斡罗思匠人曾为贵由制造宝座；并为之雕镂印玺。由是近在教廷发现柏朗嘉宾携回之贵由答因诺曾爵四世书，并使吾人获见斡罗思人豁思马为大汗所刻印玺之文。

-----

① 　罗克希耳（《卢布鲁克行记》第 26 页）曾假定此印半为蒙古语，半为汉文；今见之印实仅有蒙古语也。

第 二 卷

第一章　聂思脱里派之审温・列边阿答^①

　　因诺曾爵四世《册籍》，在位第四年（1246 年 6 月 25 日至 1247 　29
年 6 月 24 日）登记之信札中，录有拉丁语翻译之公文六件，并属西
利亚诸君主同诸异密（émir）之来书，间有代表埃及算端致教皇之
信札。^② 然此类公文开首四件是 1245 年抄来书；仅有末二件作于　30

---

　　① 本章初草曾于 1922 年 8 月 4 日在考古研究院宣读（《考古研究院报告》，1922
年刊第 268—269 页）。我当时尚未识有拉斯图尔（A. Rastoul）君在博德里拉尔特
（Baudrillart）主教主编的《教会史地辞典》（*Dict. d'hist. et de géogr ecclés.*）第 12 册
（1914）第 1677—1681 行所撰安德・龙如美专条那篇佳作，我在 1922 年提出的数条答
解，皆已简单表示于此篇中。此外拉斯图尔君并将所撰比较刊行之文更为详细之稿见
示。皮埃尔・芒多内（Pierre Mandonnet）神甫慨然将他收藏的多明我会的丰富图书供
我参考，并使我利用他的鸿博学识，我应一并表示感谢。然可惋惜者，下列诸作，未能
一检：（一）帕特里齐乌斯・希勒格（Patricius Schlager）撰《十三世纪方济各会士之蒙古
行记》（*Mongolenfahrten der Franziskaner im dreizehnten Jahrhundert*）特里夫斯
（Trèves）1911 年刊本；（二）伯尔脱德・安大奈（Berthold Altaner）博士撰《十三世纪多
明我会之遣使》（*Die Dominikanermissionen des 13. Jahrhunderts: Forschungen zur
Geschichte der kirchlichen Unionen und der Mohammedaner-und Heidenmission des
Mittelalters*）哈贝尔施韦尔特（Habelschwerdt）1924 年刊本。［本章付印时，适得安大
奈君之佳作，此后补引之文题作"安大奈第几页"者，皆出是编。］
　　② 《册籍》登记月日次第杂乱，西利亚诸君主异密来书六件，以及续录之文五件，
先登记者有 1247 年 6 月 4 日同 5 月 6 日信札，续有 1247 年 6 月 17 日、6 月 13 日、8 月
9 日、6 月 5 日、6 月 19 日等日信札。顾诸文并非是年最后收到之信札，是否故意一概
登记于后，未可知也。则吾人应假定诸文交与书记时，业已一概登记，而书记接到诸文
时，似在 1247 年 6 月抄。

1246 年 8 月。^① 其后接续录有来文五件，仍列于在位第四年之信札中，无一件著录有年月处所，登记之次第与致书者之衔名列下：

（一）掌教转致教皇信札。

（二）雅各派掌教致教皇信札。

31　（三）聂思脱里派教徒信仰表白书。

（四）此件为东方基督教大主教、尊敬的教侣伊纳爵（Ignatius）为他自己及受托他之人民所作信仰表白书，该大主教据称属雅各派。

（五）东方雅各派大主教信仰表白书。

右文五件在里纳尔迪（Rinaldi）书同瓦丁书中皆列 1247 年下；

---

①　参看戈鲁波维次《圣地书录》第二册第 327—345 页，尤应参看第 343—345 页。勒里希（R. Röhricht）在一篇有关系之论文《教皇与东方算端及蒙古之通信》（*Zur Korrespondenz der Papste mit den Sultanen und Mongolenchanen des Morgenlandes im Zeitalter der Kreuzzüge*）（见《神学研究评论》[*Theol. Stud. und Krit*]，戈塔 [Gotha]1891 年刊第 359—369、363—364 页；戈鲁波维次神甫似未见此文）中，研究诸君主异密之信札五件，然有时对于作书人与书中之意义有所误解。纵在戈鲁波维次神甫以后，尚有若干要事须为阐明。时代较先之件，乃巴阿勒伯克（Baalbek）王信札，作于 1245 年 11 月 24 日；其后为弘斯（Homs）王在弘斯城代表埃及算端致教皇书，作于 1245 年 12 月 30 日；1245 年 12 月在弘斯城发给之护照两件（一件在 12 月 10 日发给），应是同一王者颁发，哈剌（Karak）王信札一件，作于 1246 年 8 月 6 日至 15 日间；尚有别一信札经戈鲁波维次神甫以属埃及算端者，月日似较前札不远。我以为此二札皆作于 1246 年 8 月 6 日至 15 日间，然颇难言何札在先。戈鲁波维次神甫以为哈剌王信札疑作于哈剌本城，质言之，作于死海（Morte）之东；此说不甚合乎真相。1246 年 8 月 12 日哈剌王与埃及算端军战于萨勒特（Salt）地方，败绩，率残卒奔哈剌城（伯劳舍本《麦克里奇埃及史》[*Hist. d'Égypte de Makrizi*]巴黎 1908 年刊本，第 499 页）。作书之时，疑在战前，作书之地，不在哈剌，而在巴勒斯坦（Palestine）南部。至若月日相距不远之别札，毫无迹象表明系出于埃及算端。观其程式，必非埃及算端来书。又一方面，此二札应交同一使者，而当时埃及算端身在开罗（Caire），距其地甚远也。我以为作此第二札者是埃及算端所遣讨伐花剌子模（Kharezmiens）与哈剌王之统将法合鲁丁亦速夫（Fakhru-'d-Din Yusuf）。疑作于萨勒特战后，哈剌王困守外朱尔达因堡（Outre-Jourdain），而法合鲁丁进围此堡时。

必须先就《册籍》校勘，而将其文重再完全刊布，[1]并附详细注释。我今无暇为此，仅就与本文有关系之第一札内容研究之。

第一文件，教廷书记题作掌教（Catholicos）转致教皇信札。其开始部分如下：

> 受教皇管辖的东方副司教列边阿答（Raban Ara）致书庄严之教皇陛下，向您请求教导，以帮助他的无能……您的美好来书，我们业已收到，……犹如将吾人之主耶稣基督托着送来的博士审温（Simeon）。我们这样说，是因为我们亲眼见过您的无边的德行。……此外，我们也获知您诅咒皇帝的事情，我们知道，那是由于他本人的罪恶和过失。如您所知，我们的主耶稣基督曾经教导：倘若你的兄弟对你犯罪，宽恕他吧。……现在，主啊！我向您的圣德，向列位大主教、主教和归您父权管辖的列位国王请求，宽恕这位皇帝的罪恶和过失吧！这样做的原因是：为了我们基督教教侣免遭杀戮和掳掠，为了使圣地免遭破坏，为了使我们的主耶稣基督的坟茔免遭前所未有的踏践。……现在您的儿子教侣……安德（Andreas）及他的伙伴受您派遣，受天主的庇护，将要亲自向你们面述在我们这里的所见所闻，……我们也通过您的使者，上述教侣，自东方中心，质言之，秦（Sin）土，给您带来一本小册子，此外还有一本小册子，那是尼西比（Nisibe）城大主教的信仰表白书，附署

──────────

① 里纳尔迪与瓦丁著录之文各异。尚有一第三文与此二文亦异，然不能完全信任，其文见贾米尔（S. Giamil）《在信徒居地及亚述、东方、迦勒典诸教会的真诚讲论》（以下简称《真诚讲论》）（*Genuinae relationes inter sedem apostolicam et Assyriorum Orientalium seu Chaldaeorum ecclesiam*），（罗马［Rome］罗埃塞尔［E. Loescher］1902 年刊）第 1—3 页。

的还有另外两位大主教和三位主教，同他们一起署名的还有我们。赖主的灵光，我还要代我们的同国人耶路撒冷（Hierosolymitano）大主教阁下，代您的那些安都的（Antiochiae）、特里波立的（Tripoli）、阿迦的（Accon），以及生活在您的其他地方的东方基督教徒，向您提出另一个请求，望您继续关怀他们，使他们免遭他人的欺凌……

作此札者所隶之教徒毫无可疑。虽然图尔纳比泽（Tournebize）神甫似在此处以此掌教为阿美尼亚掌教，[①]而戈鲁波维次神甫在其书第一册（第 216 页）沿袭其误，复在第二册（第 356 页）不采此说，其人显属聂思脱里派。盖作此札者谓将尼西比大主教之信仰表白书转呈教皇，而其文并经其他大主教、主教等与本人副署；[②]案此信仰表白书经《册籍》题作聂思脱里派教徒信仰表白书者，乃出一颇知名的聂思脱里派人之手，即尼西比城大主教伊索亚布·把儿马尔弘（Isoyahb bar Malkhon）是已。[③] 由是观之，第一文件同第三文件皆出聂思脱里派人手，至若第二、第四、第五文件则为雅各派（Jacobites）所上书。惟此两类文件有一殊异之点。雅各派所上书确为其本派首领之言，质言之，其掌教伊纳爵（Ignace）同总

---

① 见所撰《阿美尼亚政治宗教史》（ Histoire Politique et religieuse de l'Arménie），巴黎刊本，无刊刻年月，第 289 页；总之，此神甫以雅各派掌教之言属阿美尼亚掌教；其后沿袭其误者不少。

② 姑无论"Raban Ara"已否副署，其信札已足证明他与尼西比大主教宗派相同。

③ 诸书所录教廷《册籍》之名多误，应写作 Isoyahb。在贾米尔主教考订其人以前，不知是否尚有他人认识此名；拉斯图尔君亦曾著录。西利亚文学史诸史家仅知其人殁于萨布-伊索五世在位时（1226—1257）；寄往罗马之信仰表白书不得在 1246 年前，其殁年应在掌教萨布-伊索五世在位最后十年中。

主教若望(maphrian Jean)[①]所上书。至若聂思脱里派之上书,教

廷书记于标题中将此派之掌教加入,瓦丁与里纳尔迪,因有误解,最 34

近贝尔热君[②]与戈鲁波维次神甫[③]亦然。殊未知教廷书记标题有

误。上书人"列边阿答"仅自称曰"东方副司教"(vicarius Orientis), 35

未言其为掌教;当时聂思脱里派之掌教是萨布-伊索五世(Sabr-išo

V);在第一同第三文件中皆未涉及此人。[④]

---

①　伊纳爵二世在 1222 至 1252 年间为雅各派掌教。总主教若望,即若望六世,始任职于 1232 年,居毛夕里(Mossoul 或 Ninive)迄于 1237 年,至是徙居报达,迄于 1244 年初。复从报达经行沙漠而至耶路撒冷(Jerusalem),访雅各派掌教于安都(Antioche),已而由安都返毛夕里,其后自任掌教,于 1252 年就职,号若望十五世,以 1263 年殁。由此可见教侣安德(André)实已经行毛夕里、安都二城,在毛夕里见总主教,其事几确,在安都见掌教,其事毫无可疑。因诺曾爵四世《册籍》所录掌教伊纳爵之信仰表白书,并非头次交与拉丁教师转达之书。圣地多明我会修道院长菲力普(Philippe)曾留有信札一件,据云 1237 年复活瞻礼节,东方雅各派掌教(曰东方者,以别于埃及雅各派也)巡礼耶路撒冷,曾宣誓服从罗马教会;并递交信仰表白书;离耶路撒冷时,曾入多明我会修道。教皇格烈果儿九世(Grégoire Ⅸ)接此信札后,于 1237 年 7 月 28 日作书致东方雅各派掌教,奖其归服本教;翌日并以其事通知埃及雅各派掌教与一聂思脱里派之大主教(参看奥弗雷[Auvray]《教皇格烈果儿九世册籍》[*Registres de Grégoire Ⅸ*],第 3789、3790、3791 号)。戈鲁波维次神甫(第二册第 297 页)谓此东方雅各派掌教名称格烈果儿似误。其人只能为伊纳爵二世,把儿赫不烈思(Bar Hebraeus)之《教会记事》[*Chronicon Ecclesiasticum*](阿贝卢斯同拉米[Abbeloos & Lamy]本,第二册第 654—664 行)记其巡礼耶路撒冷事甚详。

②　《因诺曾爵四世册籍》第 3035 号。

③　戈鲁波维次(第二册第 356 页)不解此"Raban Ara"名称,然竟谓有"掌教二人"归附;其书第二册第 351 页,所记亦同。

④　萨布-伊索五世在 1226 至 1257 年间任聂思脱里派掌教。奎恩(Le Quien)《基督教之起源》[*Oriens christianus*],第二册第 1149 页)已见作书者非聂思脱里派掌教本人(阿塞曼尼[Assemani]《东方丛书》[*Bibl. Orientalis*]第三册第二编第 410—411 页;又第 525 页所见亦同),然以此"Raban Ara"代表掌教上书。阔儿吉·埃贝杰苏·卡雅特(Georges Ebedjesu Khayyath)《东方叙利亚、迦勒典、景教徒和最早罗马教廷》[*Syri Orientales,seu Chaldaei,Nestoriani et Romanorum Ponificum Primatus*]罗马 1870 年刊第 115—117 页)主张之说同,以为第一同第三文件表示聂思脱里派全体与罗马协和。

　　此非谓"Raban Ara",尼西比城大主教同其他大主教二人、主教三人皆背其掌教私为此事。惟是问题尚属烦难,若欲吾说之可解,势须首先说明此五文件如何到达罗马。

　　我在本章之首曾言来自聂思脱里派同雅各派之文五件,在因诺曾爵四世在位时登记信札册籍中,次第在西利亚诸君主异密来文六件之后。并言此六文件虽登记于此教皇在位之第四年下,中有四件实是第三年信札;所题年月在 1245 年 11 月 24 日至 12 月 30 日之间。既然此种 1245 年文件,与夫 1246 年 8 月 6 日至 15 日文件两件,以及聂思脱里派与雅各派之文五件,彼此连续位在同年之中,似经同一使者同时携来呈递教廷。[①] 埃及算端之 1246 年 5 月 25 日信札,应由别道立时送到罗马;所以尚能编在第三年信札之内。我的假设如果不误,似可寻究携带此类文件的使者前后之经过与其所循之路途。[②]

————————————

　　① 弗里德里希·察恩克(Friedrich Zarncke)《长老若翰》[Der Priester Johannes],见萨克逊王立科学研究院《语言历史论著》[Abhandl. der phil.-hist. Cl. d. Kön. Sächs. Gesellsch. d. Wissensch.]第八册第一号,1876 年刊第 71 页)业已假拟西利亚诸君主异密之答书皆编在因诺曾爵四世在位信札第四年下者,疑由同一使者送来,然将 1245 年 12 月信札认为 1246 年信札则误矣;总之,他不应误信教廷书记所题衔名,而以弘斯王满速儿(Al-Mansūr)之信札为埃及算端之信札。此外他以为诸君主异密之信札与聂思脱里派、雅各派之信札毫无关联,复次他假拟诸伊斯兰教君主之信札得交与阿思凌(Ascelin)所领导的多明我会使者之手。在他以前,同一假设业经屠隆(A. Touron)提出(《圣多明我会名人传》,以下简称《名人传》[Hist. des hommes illustres de l'ordre de Saint-Dominique]第一册,1743 年刊第 145—156 页)阿思凌奉使最初事迹颇迷离不明,吾人知他在 1247 年中至蒙古统将拜住(Baiju)所,仅在 1248 年回至里庸。我既以为伊斯兰教诸王信札即由接到此类信札之使者携回,则待阿思凌归后始知之信札,不得编在因诺曾爵四世在位第四年之信札中,盖此第四年终于 1247 年 6 月 24 日也;阿思凌奉使事,我后此别有说。

　　② 安大奈书第 79 页所持之说不同,而以为诸文由使者数人携来;然我不以为然。

由"列边阿答"之信札，吾人知此次奉使者有一教士名称安德，别有一教士为其伴侣；雅各派掌教伊纳爵信札证实此事，盖其谓在"教侣安德"手，接到教皇信札也。西利亚诸王信札中，年月在前者是 1245 年 11 月 24 日信札，乃亦思马因（Ismael）王致教皇书，此王当时君临之地应是巴阿勒伯克，他对于教皇命"宣教的教侣"（fratres Praedicatores）送来之信札，依礼答复，别无他言；戈鲁波维次神甫本人是方济各会士，而不以此"宣教的教侣"为"宣教会士"（Frères Prêcheurs），别言之，多明我会士。其余 1245 年来文三件，皆属十二月份之文，而同出一手，即弘斯王满速儿·亦不剌金（Al-Mansūr Ibrahim）之文也；其中两件是护照，一许仍名"宣教的教侣"往来弘斯城，一许彼等自由经行本国境内诸地而完全保证其人身财产安全；第三文件最有关系，乃满速儿致教皇信札。据云接读教皇信札，请更作一较明了之信札来。他甚愿与教皇遣派之"宣教的教侣"同开神学辩论；无如此辈不甚谙练阿剌壁语，而彼等亦未能习用拉丁语同法兰西语讨论，因而未果。又云教皇来札拟使诸教侣等往达达所，颇愿吾人赞助，俾其计划实行；"然吾人曾劝阻诸教侣等勿往达达所，并告以种种理由"。至若达达之恶，实较教皇所言尤甚，然强盛的埃及算端行将征服之。1246 年 8 月 6 日至 15 日之信札两件：一为哈剌王信札；一为代表埃及算端致教皇书，然非哈剌王手笔；哈剌算端仅谓接到教皇来书，而对于书中涉及宣教之词，概未作答；代表埃及算端者，向教皇解说侮渎圣地一事，盖出散卒行为，统将不知，今已恢复纪律云。[①]

戈鲁波维次神甫曾将上述文件悉为研究，不以诸文互有系属，

[①]　所言者盖为 1244 年 8 月 10 日花剌子模人入耶路撒冷后侮渎圣地事。

并凭借贝尔热之权威,而以教皇因诺曾爵四世在位第三年信札,编在第四年者,盖因教廷册籍编次杂乱(第二册第 328 页)。其说(第二册第 333 页)以为满速儿不许经行其境而赴达达所之教皇使者,似为持有 1245 年 3 月 5 月教皇信札往使达达之方济各会士罗朗·葡萄牙等。至若携回聂思脱里派与雅各派信札之教侣安德等(第二册第 351、355—356 页),盖为方济各会使者罗朗·乌特(Laurent d'Orte),1246 年 8 月 9 日其人尚在里庸,然至 1247 年 4 月 24 日已在西利亚之阿迦(Acre)城也。

我不赞成戈鲁波维次神甫的见解。前此我曾言诸札由同一使者携回,似乎较近真相。罗朗·葡萄牙是否成行,尚属疑问,而戈鲁波维次神甫谓柏朗嘉宾往使大汗所,罗朗·葡萄牙仅赴西南蒙古统将处,一说未便赞成,已在本编第一卷言之矣。教侣安德在聂思脱里派同雅各派视之,显然是教皇直接遣派的使者之首领,持有教皇的信札,应将答书携回向教皇当面说明。因此种种理由,故余将罗朗·葡萄牙与罗朗·乌特悉皆屏除事外,而综考诸文已足供给下列资料:(一)奉使的首领是一名安德之人,携有同伴一人。(二)其中一人或二人稍知阿剌壁语,然用之于辩论,则有未足;惟二人皆熟练拉丁语与法兰西语;别言之,兹二人应皆是法兰西人。(三)西利亚诸王来文多用"宣教的教侣"名词,虽有瓦丁之说,[①]与

---

①　关于诸伊斯兰教君主之来文者,瓦丁仅对于埃及算端 1246 年 5 月 25 日信札明言涉及方济各会士;此札编入因诺曾爵四世在位第三年信札中,在此处不成问题。反之,瓦丁如视安德为一方济各会士,必不将其携回之文件录出。至若马尔切利诺·西维札(Marcellino da Civezza)神甫同潘菲洛(Panfilo)神甫(参看戈鲁波维次书第二册第 355 页)与戈鲁波维次神甫在此处所言之安德·佩鲁斯(André de Pérouse),似将 14 世纪初年福建泉州主教与此安德混为一人。

戈鲁波维次神甫试欲证明之说,要不失为表示教侣安德等隶属多明我会之一种强有力的论据。

吾人始终依据同一使者携回文件的假定,再就年月推测使者之行程。第一信札是巴阿勒伯克算端信札。则诸传教士似在特里波里登岸,由此赴巴阿勒伯克,然巴阿勒伯克算端送之至弘斯算端满速儿所,缘弘斯算端当时权势较大也。满速儿优待诸传教士,迨闻其欲赴达达所时,遂起疑心。当时此王反抗埃及诸算端,反抗基督教徒,反抗蒙古人,以此自负,为年久矣,新近始归附埃及。此种思虑周密的政策,必不难使之想到基督教徒与蒙古人结合,只能有害于伊斯兰教徒;乃设想吾人今未能知之种种借词,[①]拒绝诸传教士假道,安德与其同伴,既被拒于弘斯,乃改道南下,至于死海,消耗光阴六月余,不复再言其结合蒙古计划,从哈剌进向美索波塔米亚(Mésopotamie)高原。至其未言聂思脱里派掌教,并未携回此掌教之何种答书者,似未赴此掌教驻在之赛留西亚-泰西封(Séleucie-Ctésiphon)地域。至其转向北行而仅向伊斯兰教国家深入者,似急欲赴完湖(Van)方向与蒙古人接洽。好像即在毛夕里城会见新由安都城归来之雅各派总主教若望六世。然与聂思脱里派之高级人员会见之处,尤其是与列边阿答会见之处,似更在其

40

①　戈鲁波维次神甫两言(第二册第 333、335 页)满速儿拒绝传教士假道而赴蒙古人驻扎所在者,盖因彼等仅知用拉丁语同法兰西语讨论,而不解阿剌壁语。此说不确。满速儿仅因此理由不能在彼处组织宗教辩论而已。至其劝阻传教士勿赴蒙古人处所持之种种理由,其信札并未言明。缪萨(《交际录》,第一记录第 430 页)以为满速儿拒绝假道者,"理由有数,其主要理由则在确信此种教士之往见蒙古人,盖欲煽其反对伊斯兰教徒也",然满速儿信札中无一语及此,疑缪萨未详读里纳尔迪书,有以致之。屠隆(《名人传》第一册第 147—148 页)对于满速儿信札尾数语亦微有误会,然与缪萨之误会不同。

北，乃以教皇或者致聂思脱里派掌教之信札付之。① 最后既携回有雅各派掌教伊纳爵之信札一件，而此掌教当时应驻安都，可以推想其归途应经此城。② 行程无论如何迅速，其回法国时不得在1247年春季以前。

此路程之假定，不无弱点，自难讳言。然在我的论据中有一目标，我以为确实可靠，此即"列边阿答"所执之任务是已。

世人在其致因诺曾爵四世书中应已注意到"列边阿答"曾言不仅将尼西比大主教之信仰表白书送达，并附有他本人自"东方中心，质言之，秦土"携来之一小册子(libellus)。③ 此小册子之原文同译文惜皆佚而不传；然仅其著录，已足重也。列边阿答应是籍隶西利亚之人，盖其自谓为耶路撒冷城聂思脱里派大主教之同国人，④惟曾作远游，抵于中国之聂思脱里派诸教区；中世纪地中海

---

① 贾米尔主教(《真诚讲论》第2页)谓此信札是因诺曾爵四世致萨布–伊索之信札，然此札在1798年同1814至1815年间，教廷档卷移存巴黎时，同他札一并遗失。此说未著出处，似无根据。

② 安大奈书第53页引奎恩说，谓伊纳爵二世当时驻所应在尼西比西北之马儿丁(Mardin)城。我以为此是一种明显的错误。把儿赫不烈思《教会记事》第一册第668页明言1246年伊纳爵二世早已确定驻在安都也。

③ 瓦丁、卡雅特(Khayyath)、贾米尔、戈鲁波维次、拉斯图尔诸编皆作Sin，惟里纳尔迪独作Sion，贝尔热只引里纳尔迪书别无说明。弗勒里(Fleury)(《教会史》[*Hist. ecclés.*]巴黎1722年刊本，第十七编383—384页)曾以"列边阿答"为阿美尼亚掌教，拟改秦(Sin)为此掌教驻在之昔思(Sis)；此种误改并注释在西维札(《世界史》[*Stor. univ.*]第一册第393页)书中，竟与列边阿答之信札合而为一。我曾托罗马法兰西学校职员波尔歇(Porchet)君就近检阅教廷《册籍》，其文确作Sin。安大奈书第56页之Sina乃是一种疏误。

④ 此大主教在《册籍》中仅录其名之首一字母作I；贾米尔主教认为伊索亚布(Iso-yahb)，或者他有理由；然我不知1246至1247年间耶路撒冷之聂思脱里派大主教究为何人。拉斯图尔君假拟列边阿答原籍中国，误也。后引祁剌柯思(Kirakos)书明言其人是西利亚人。

东之人所称广义的支那(Chine)或秦(Sin)，不仅包括中国本部，而且兼有新疆、蒙古，当时中国本部之聂思脱里派教区似已无存，其所历之地或是新疆、蒙古。撰《昔温尼史》之斡儿帛良在 13 世纪撰作时，亦位置蒙古都城哈剌和林于"秦(Čin)同大秦(Mačin)国内"者，其故同也。[①] 列边阿答在其信札中自称曰"东方副司教"，此名义与此种旅行或者不无关系，然亦未能断其必然。无论如何，答复因诺曾爵四世来书者，即是此人，而非尼西比城之大主教，其人在聂思脱里派中权势应甚重大，世人尚未发现其人之何种踪迹，是可异也。

　　近代聂思脱里派早忘其人，迦勒典派(Chaldéens unis)偶一引之，其实仅据因诺曾爵四世《册籍》知有其人；[②]是皆无研究之价值，然有 13 世纪之西方一撰作家对于此"列边阿答"曾撰有专章，已将教廷《册籍》书手误写之名称改正。此作家是范珊·薄韦

---

①　参看圣马丁《阿美尼亚记》第二册第 133 页；伯罗赛《昔温尼史》第一册第 224 页。

②　参看贾米尔书第 2 页；然所引迦勒典派在 1552 年致朱尔斯三世(Jules Ⅲ)书未言此人。惟在 1553 年枢机员马菲(Maffei)编制之迦勒典教会表(同书第 475 页)中始言有一"Maraus"，而贾米尔主教以此名得从"Raban Ara"转出，或者他有理由。此外迦勒典派掌教若瑟二世(Joseph Ⅱ)在 1703 年之一西利亚文撰作中著录有一"Rabban Aram Nisibenus"谓其人已经教皇任为掌教(贾米尔书第 233 页)；是为马菲在一世纪半前对于"Maraus"所录之同一故事。我以为皆属一种传说之讹传，其中有若干成分本于列边阿答之信札，别有若干成分似出列边骚马(Rabban Cauma)在 13 世纪末年来访罗马一事；因此二人同名"列边"，而误合为一人也。

（Vincent de Beauvais），其《史鉴》（*Speculum historiale*）第 30 卷
中第 70 章题曰"聂思脱里派修道士列边阿答"（De Rabbanata
monacho nestorino）者，即言此人。

　　列边阿答（Rabbanata），基督教修道士，但属聂思脱里派，
因为国王大维德（David）在世时，他是大维德家人，甚至当时
可能还是他的谋士。大维德死后，大维德之女，即成吉思汗
（Cingischan）之妻，曾召见他，因有其父这一旧谊，也因他是
基督教徒，他便成了她的谋士和听悔修道士，并在成吉思汗的
同意下成了达达人的朋友。大维德之女死后，他成了达达人
中的客居修道士，被疏远了。这位列边阿答常常从国王大维
德的女儿那里，从长老议事会上知道达达人的许多决定和行
动，他则以预言形式向他们揭露了许多情况。因此，他们当时
无疑地把他看作伟人，经常出席成吉思汗和他的贵族们的议
事会的人们把他看作圣人。后来，他前往大阿美尼亚，在帖必
力思国（Thauris）隐居了一段时间，但是后来通过仔细探询
那些受教皇之命往使达达人处并给列边阿答本人带去信札
的宣教教侣，并且探询那些虔诚的人和其他有德行的人，终
于把他找到，但他已是商人和高利贷者，预言家和异教徒，
天主教和正道的敌人，虽然他还承认它。他自愿过隐居生
活，吃饭时从不让任何一个教侣看见。他一直这样生活，也
这样默默无闻地死去，他得到应有的和合理的结局——下
到地狱。

据我所知，范珊·薄韦书此章未经莫斯海姆[1]、察恩克[2]、玉耳[3]等引之，皆未寻究此"Rabbanata"为何人。惟后此言及之木理涅（Molinier）稿本，拉斯图尔君在 1914 年，同我在 1922 年所提出之不谋而合的答解，始证明范珊·薄韦书之列边阿答，即是因诺曾爵四世《册籍》中之"Raban Ara"。

名称方面，困难不大。迦勒典派之卡雅特业已认识此"Raban Ara"人名第一字得为西利亚语之 rabban，此言"师"也。[4] 至若 Ara 经过种种讹传者，盖因其在西利亚语中不复忆作何解也。[5] 其实 Ata 之情形亦同，然而尚可考证。案 Ata 在突厥语中训作"父"，而此字在畏吾儿境内，有时在受畏吾儿影响的蒙古社会中，用为对于教士之一种敬称。杭州皈依基督教之同一教徒言及鄂多

44

---

① 见所撰《教会达达史》（*Historia Tartarorum Ecclesiastica*），赫尔姆施泰特（Helmstadt）1741 年刊本第 34 页。

② 察恩克《长老若翰》第二编第 63 页。

③ 玉耳-戈尔迭《马可·波罗》第一册第 243 页，惟其名在此书同莫斯海姆书并讹作"Rabbanta"。其误盖本杜埃（Douai）城刊之三十一卷本（1624 年刊第四册第 1209 页），前此尚有圣安托南（Saint Antonin）之《记事》（*Chronic.*）第三编，里庸 1587 年刊本第 141 页，讹写并同。

④ 卡雅特译"列边"（rabban）作"修道院长"，贾米尔主教在 Raban Ara 信札文中采此对称而用括弧以别之。"列边"之称适用于基督教士，盖为西利亚语习见之事，并随同聂思脱里教徒一同进入东亚。有以 781 年西利亚文、汉文两种文字《景教流行中国碑》中之阿罗本为"列边"之同名异译者似乎可疑，姑置不论，兹仅举鄂多立克所记 1321 年印度塔纳（Tana）地方教士致命事，有"富浪列边"（rabban franc）名词；迨其抵杭州；有一人教者应是一突厥人，或是一蒙古人，曾称之曰"佛郎机列边"（Franki Rabban）（参看玉耳《契丹纪程》[*Cathay and the way thither*] 第二版第二册第 118、202 页）。盖"列边"称号在畏吾儿社会中已成为基督教士之习见的称号，后此所见蒙哥给与聂思脱里派掌教之印文，可以证已；我研究及此时，将引证对照诸文，而表示蒙古时代之中国载籍中亦有相类称号，则此特称从突厥畏吾儿社会输入蒙古，复由蒙古输入中国矣。

⑤ 但有一西利亚撰作家名称 Ara 应是 5 世纪时人。

立克·波登隆埃（Odoric de Pordenone）曾谓其为"富浪列边"
（rabban franc）而称之曰"阿答"（ata），此言"父"也。① 此后吾人不
但见此人之 Rabban-ata 的名称同其解说，尚有他文可作保证，而
且比斯卡莱（Buscarel）有一注释，在 1289 年称聂思脱里派主教列
边骚马（Rabban Cauma）为"Rabanata"。② 1291 年 8 月 13 日教皇
曾致书于一"贵人 Rabanatha"。③ 最后在 1299 年，波斯的蒙古汗
哈赞致失普勒（Chypre）王亨利（Henri）书，曾提及他的使臣
"Rabanata"前订之条约。④ 由是观之，13 世纪末年，至少有一人或
二人习用此列边阿答之特别名称；只此已足证明范册·薄韦对于
半世纪前的另一列边阿答名称写法之不误。教廷《册籍》书手误识
"ata"为"ara"亦无足异；⑤ 然据吾人所知此人之生平，已足间接证

---

① 参看玉耳《契丹纪程》第二版第二册第 200—201 页，同我的摘要，见《通报》
1914 年刊第 449 页。

② 参看沙波《掌教雅巴刺哈三世传》（Histoire du patriarche Mar Jabalaha Ⅲ）第
231 页，此书之前有缪萨《交际录》，第二记录，见考古研究院《记录》第七册第 359—360 页。

③ 参看沙波书第 247 页。教廷《册籍》登记有八人接受此 1291 年 8 月 13 日信
札，其中一人即是列边骚马，别一人是此"贵人 Rabanatha"。沙波君以为列边骚马与
"贵人 Rabanatha"应为一人，必是抄胥传写误作二人，戈鲁波维次（第二册第 475 页）赞
成此说。我以为此说不能主张。观诸札之题衔，而于此札独称一主教为"贵人"（vir
nobilis），是可异也，据我在下注所持之说，此或是列边骚马外之别一列边阿答 。

④ 参看弗洛里奥·布斯特隆（Florio Bustron）之《记事》（Chronique），《未刊文
献》（Documents Inédits）本，第五册第 130 页，同阿玛迪（Amadi）《记事》（Chronique）相
对之文，见《未刊文献》（1891）第 234 页。同一哈赞信札有一译本译文颇异，曾转载入
丹多洛（A. Dandolo）之《记事》（Chronique）中（穆拉托里［Muratori］本第七册第 512—
514 页）；其名在此本中误作 Rabata。哈赞在诸本之一文中似曾言"Rabanata"是他所遣
派的使臣；则颇难认为阿鲁浑在位时代 1288 年奉使之列边骚马，顾列边骚马自 1294 年
始，已不在人间，殁前未奉其他出使西方使命。则得谓此"Rabanata"所指者，乃一第三
列边阿答，与 13 世纪上半叶之列边阿答，同列边骚马各为一人，然得为接受 1291 年 8
月 13 月教皇信札八人中之"贵人 Rabanatha"也。

⑤ 波尔歇君曾代检教廷《册籍》，见其文确作"Ara"。

明 ata 写法之不误。盖世人应已注意到此"师父"之称呼,用为一种具有特性的称呼,终成为关系人之名称,在范珊·薄韦书中同后在阿鲁浑与哈赞时代一样。其所以致此者,必因一种西利亚语职衔,参以一种突厥语称谓,而成一种例外的结构。则此种结构只能适用于已处突厥境内之人,然须离突厥本土以外,始成特别名称,但欲其能解,须距突厥地界不远。关于诞生于大都(北京),而后成为波斯蒙古汗统治的美索波塔米亚地方主教之列边骚马者,其事甚明。范珊·薄韦书亦对吾人说明他的聂思脱里派修道士"Rabbanata"在重回波斯阿美尼亚接界之帖必力思(Tauriz)地带以前,与蒙古人共处已久,则此人照例是一用西利亚畏吾儿名衔之列边阿答,盖用西利亚仪式的聂思脱里教,常经畏吾儿之介绍而入蒙古。至若以答因诺曾爵四世书交给教侣安德之"Raban Ara",应亦同然,盖其人出现于亚洲西部以前,亦曾留处"东方中心,秦土之内";则此人亦是列边阿答无疑。

因诺曾爵四世《册籍》中之列边阿答,与范珊·薄韦书记录者,同属一人,前已言之。不仅名称相同,两文所言之任务亦同。范珊·薄韦书所记列边阿答事,开始有一部分染有故事的色彩。史文并未证实成吉思汗所纳者是克烈部长王罕(Ong-khan)之女,仅言其是王罕之侄女;范珊·薄韦称王罕为"国王大维德"① 而谓列

47

①　王罕受洗之名,吾人不知,其本名是脱斡邻勒(Toghrul);然有大维德洗名非不可能,盖在斜米列契突厥聂思脱里教墓地所见洗名,即有斯名(参看克沃尔孙[Chwolson]《西利亚聂思脱里教墓志》[*Syrisch-nestor. Grabinschriften*]1897 年刊,第165、226 号)。把儿赫不烈思之"国王若翰"乃受"长老若翰"故事之濡染,非谓王罕洗名是若翰也。此大维德名有时适用于王罕,有时适用于成吉思汗,可参看察恩克书第二册第 5—22 页。

边阿答后来受知成吉思汗,此为他书所未录;然后引玛泰・巴黎
(Mathieu de Paris)书之文,亦别录有相类传说;而雅各派之把儿
赫不烈思亦谓成吉思汗娶王罕女,并有一畏吾儿主教名马典合
(Mar Denha)者,由此女之荐得事成吉思汗。[①] 我不欲在此处详究
其事,否则势将"长老若翰"问题完全提起。惟事之明了者,范珊・
薄韦之列边阿答回到帖必力思地带之时,权势甚大。否则范珊・
薄韦为之另撰专章,将不可解,若据此记事家之说,教皇致书于此
人一事更不可解。此种信札之沿革,我后此将研究之,惟据范珊・
薄韦之语气,初与列边阿答接洽时,发生希望,其后希望消灭。因
诺曾爵四世《册籍》所录之答书,盖为其事之第一阶段,列边阿答适
自中亚归来,代表聂思脱里派高级人员发言,而未涉及掌教,在因
诺曾爵四世谋以信札同使者鼓励东方诸教会归附之时,似以其人
堪资信赖。范珊・薄韦书则录其后失望事。然处此二场合中者,
确为同一列边阿答也。

※

惟可异者,在拉斯图尔君与我之前,竟无人将因诺曾爵四世
《册籍》中之信札,或范珊・薄韦书之此章,与一久已为人所识的阿
美尼亚文记载比附对照。缪萨在 1822 年业已利用圣马丁替他在
米歇尔・卡米克(Michel Čamčian 或 Čamič)的《阿美尼亚史》

---

① 参看波科克(Pococke)《朝代史》(*Hist. Dynastiarum*)第 285—286 页;玉耳–戈
尔迭《马可・波罗》第一册第 243 页。克烈部信奉基督教事,曾经史米德(I. J. Sch-
midt)否认,察恩克亦有疑词,然今已证明其事确实也。

（*Histoire d'Arménie*）中采辑之资料，其事涉及一西利亚博士名审温（Siméon）者大汗窝阔台称其人曰"阿答"，他人称其人曰"列边"。[①] 其实圣马丁所采者是晚出的史料，乃转录当人祁剌柯思·干札克（Kirakos de Ganjak）1241年撰作之文而不免于误。[②] 此1241年的原本，业经杜洛里耶（Dulaurier）在1858年[③]并经伯罗赛在1870年[④]译为法文，又经帕忒迦诺夫（K. P. Patkanov）在1874年[⑤]译为俄文。俄文译本为最后译本，大致罕见，兹特转为法文，录次于下：

"第三十一节。西利亚列边。[⑥]——神意欲使人尽生存，因爱人故，特使一畏敬天主之人显于此辈（犹言蒙古）之中，其人诞生于西利亚，冠有其主合罕之'父'之尊时号。本名审温，然人称之曰列

---

① 参看缪萨《交际录》，第一记录第401、413—414页。同一原本业经图图洛夫（J. Tutulov）译为俄文，继由克拉卜洛特（Klaproth）从俄文转为法文，载入《亚细亚报》1833年9月刊第204页。博士审温名称，曾由缪萨译文采入海德（Heyd）之《商业史》（*Hist. du Commerce*）第二册第67页，同毕斯雷《近代地理之开端》（*Dawn of modern Geography*）第二册第362页。

② 在缪萨同图图洛夫之译文中皆有博士审温对合罕的一篇演说，不见于祁剌柯思书，似仅见米歇尔·卡米克著录。

③ 《阿美尼亚史家记录之蒙古》（*Les Mongols d'aprés les historiens arméniens*），见《亚细亚报》1858年二三月刊第253—255页。

④ 题曰《二阿美尼亚史家》（*Deux historiens arméniens*），圣彼得堡（Saint Pétersbourg）1870年刊，第一部分第137—138页。

⑤ 题曰《阿美尼亚史家之蒙古史》（*Istoriya Mongolov po armyanskim istočnikam*），圣彼得堡1874年刊，第49—51页。

⑥ 诸节编号是任意的；此节在杜洛里耶本中是第17节，在伯罗赛本中是第34节。阿美尼亚文原本始终写作 raban，其间未用双 b，范珊·薄韦书用双 b，教廷《册籍》则不然。

边阿答。列边,西利亚语犹言'师'。阿答,达达语①犹言'父'。此
49 列边阿答曾求合罕(qaghan)②颁布谕旨,禁止杀戮手不持兵而无
抵抗之民,俾留为主用。合罕乃委以大权,命之亲征,并颁谕旨于
诸统将,命遵'列边'之命。既莅其地,基督教徒苦难大苏,既免于
死,复免为奴。先是大食(Tajik)③诸城如帖必力思及纳黑出汪
(Nakhčavan)之类,居民敌视基督教徒,禁称基督之名,基督教徒
不特未敢建设礼拜堂竖立十字架,甚至不敢出行城市。列边既至,
建礼拜堂,竖十字架,命人日夜击版,④公然用本教仪式殡葬死者,
持福音书、十字架,执烛唱歌,而随之行。抗者得死罪,而无人敢
违其命。达达士卒礼之如礼其主,有所为必先询其意而后行。其
属下之人,执有其印文(tamgha)之商贾,自由往来,若自称为列边
50 属下,无人敢犯。达达将领且以所掠之物奉之。其为人也操行温
良,饮食节简。日食一次,食在晚间,所食甚寡。⑤ 救世主拯救其
民厄难如是,故遣斯人劝化不少达达归向基督教法。行洁而位高,
人皆畏而敬之。阿美尼亚纪元 690 年(1241 年 1 月 20 日至 1242

---

① 所谓"达达"在此处大致应作"蒙古"解,然祁剌柯思误也,阿答是突厥语,非蒙
古语,至其在 13 世纪得为蒙古人所识者,或是假诸突厥一种称号。霍渥斯
(Howorth)《蒙古史》(Hist. of the Mongols)第三册第 34 页引法文本误作 athor;而同
书第一册第 133 页则又误 Rabban 作 Rabdan。

② 帕忒迦诺夫本初云"合罕"(qaghan)嗣后皆作"汗"(khan)。我据法文二译本
皆作合罕,然未见祁剌柯思原书也。其他译本此处有"当其闻知达达军惨杀基督教徒
之时……"一语,帕忒迦诺夫本脱落。

③ 大食名称终在阿美尼亚语中成为伊斯兰教徒之通称;参看杜洛里耶说,见《亚
细亚报》1858 年刊第一册第 197 页。

④ 盖指东方礼拜堂中代钟之版;阿美尼亚原文是 zamahar。

⑤ 今颇难言此晚间进食一次是否为本派一种戒律。

年 1 月 19 日)记此。"

祁剌柯思记此段于 1241 年,然其所修史书续记迄于 1265 年,而殁于 1272 年;设若他在后来对于列边阿答之印象有变,似不难将前记誉词删改,既未删改,足证阿美尼亚之基督教徒对此西利亚师父始终保有好感,与拉丁人初属望而后失望之情形不同也。

列边阿答向合罕进言应在何时?缪萨(第 414 页)谓在 1241 年;[①]我以为尚须上溯至是年之数年前。蒙古侵略西北波斯与大阿美尼亚之历史,年代尚游移未定。惟似可认为事实者,蒙古军在 1233 年抵木干(Mughan)平原陷帖必力思城,在 1236 年入大阿美尼亚境。[②] 其统将绰儿马罕(Čormaghan)似未敌视基督教徒;并且有妻弟二人奉基督教,惟自蒙古抵此时甚晚。然绰儿马罕不能遍历诸地,而其士卒抄掠不分基督教徒与伊斯兰教徒也。列边阿答进言之时,不得晚在对待基督教徒较严的拜住于 1242 年代统绰儿马罕所部波斯蒙古军之时。[③] 窝阔台遣派列边阿答赴帖必力思与阿美尼亚时,应在 1233 至 1241 年绰儿马罕将兵之际。然缪萨所拟之 1241 年太晚,盖在是年列边阿答已抵阿美尼亚,而在其地建筑教堂,并扩展其势力于蒙古人所征服之一切地带也。我以为其来时似可在 1235 至 1240 年之间。

此外阿美尼亚史家对于列边阿答之著录,仅有一见,亦见祁剌

_____

① 伯罗赛曾谓(《谷儿只史》[*Histoire de la Géorgie*]译本第一册第 518 页注一)"1241 年窝阔台命西利亚司铎审温(Simon)神甫赴谷儿只……"所言者即此列边阿答,然我不信其所本之源除祁剌柯思书外别有根据;1241 年的年代亦无所本,不可解作派遣列边阿答特赴谷儿只也。

② 伊斯兰教撰述与阿美尼亚撰述对于此种年代记录大致相符。

③ 参看帕忒迦诺夫本第 51—52 页。

柯思书,记录之时似较前事为晚。绰儿马罕之得暗疾应在 1241
年,或微在此年以前。① 其妻额儿帖那合敦(Eltina-khatun)②代领
其众,迄于 1242 年拜住接事之时。③ 自 1241 年达 1242 年冬间,蒙
古军结营于库儿(Kur)河右岸木干平原时,西利亚列边介绍阿勒
班(Albanais)④掌教至蒙古营。掌教至时,列边阿答已去帖必力思
南方;额儿帖那合敦适为其子二人营办婚事,善遇掌教,嘱其弟撒答
克–阿合(Sadek-aga)同阔里吉思(Gorgoz)⑤二人接待,二人新自蒙古
来。婚事毕,额儿帖那合敦始能亲为掌教处理其事。祁剌柯思对于
列边阿答向额儿帖那合敦言及此掌教之原因,未曾明白记录。

※

此列边阿答既见因诺曾爵四世《册籍》、范珊·薄韦书、祁剌柯
思书等编著录,吾人尚可在中国文献中觅得其名。13 世纪下半叶

---

① 帕忒迦诺夫本第 52 及 62 页译文如此,杜洛里耶先在《亚细亚报》1858 年四五
月刊第 426 及 439 页亦云得暗疾。伯罗赛本第 138 及 144 页则以为绰儿马罕得疯疾;
图尔纳比泽神甫《阿美尼亚政治宗教史》第 209 页所持之说同。未详孰是。

② 此名真正蒙古语写法未详。

③ 拜住之受命应在 1242 年;任命者应是摄政皇后,盖窝阔台已殁于 1241 年 12
月也。我采杜洛里耶和帕忒迦诺夫二家之说,以绰儿马罕妻代领其众之时,在其夫得
疾至拜住接事之间。伯罗赛解作绰儿马罕妻自夫病以后即管理其辖境;此说可以使人
假拟合敦管辖其境至于拜住到任以后,由是延至 1242 年后矣;我以为此说不类真相。

④ 阿勒班人昔在木干平原以北库儿河对岸;自有其掌教,此时掌教名称德尔·捏
尔斯(Ter Nerses)。

⑤ 二弟虽是基督教徒,然史文未言合敦已否入教。Sadek-aga 名称之第二字,当
然是突厥语与蒙古语之阿合(agha),此言"兄";第一字得本闪语(Sémitique)。至若
Gorgoz 名称,定是突厥语与蒙古语阔里吉思(Giwargis、Georges)之一种写法,参看余
说,见《通报》1914 年刊第 633—634 页。

忽必烈左右最有势力的基督教徒,乃是西利亚人爱薛(Ngai-sie),此名盖为以赛亚(Isa)、耶稣(Jésus)洗名之译音。其人以 1227 年生,1308 年殁。[1]　剌失德丁(Rašīdu-'d-Dīn)熟识其人。其名并且亦经教廷《册籍》著录;即 1285 年忽必烈派往波斯之使臣,波斯蒙古汗阿鲁浑是年致教皇霍诺留斯四世(Honorius Ⅳ)书中之"Ise terchiman"或"译人爱薛"是已。[2]　我今在程钜夫《雪楼集》中觅得此人之神道碑。[3]　其文甚长,应为《元史》爱薛传之所本。然有史传未录之新文,颇有助于本文之考据,其文曰:"有列边阿答者,以本俗教法受知定宗,荐其贤,召侍左右……"。定宗即是 1246 年 8 月至 1248 年 4 月间在位之皇帝贵由。此列边阿答应是 Rabban-ata 之译名,无可疑也。[4]　则祁剌柯思书所言之列边阿答·审温,又经中国载籍证实矣。列边阿答举荐爱薛,是在波斯,抑在其赴哈剌和林之时?碑文未明言,我后此将别有说。总之,足见 1246 至 1248 年间列边阿答颇得皇帝信任。然则范珊·薄韦书谓其罢黜一说,不能使人无疑。

※

吾人现在可解代表本宗派诸大主教、主教等答因诺曾爵四世

---

[1]　其人神道碑著录之生卒年如此。我前此以为其殁年不得在 1312 年前,盖沿袭《元史》之误。

[2]　参看《通报》1914 年刊第 638—641 页。

[3]　我未见此集,然知余友罗振玉君藏有一本;当我知有此神道碑时,曾函询之,承他钞寄其文。——案即是《雪楼集》卷五《拂林忠献王神道碑》。

[4]　此 rabban 名在《元史》中译作"列班",参看《通报》1914 年刊第 637 页。——案见《元史》卷八九《百官志》崇福司条。

书者，非掌教而为列边阿答之理。当时虽经满速儿王拒绝假道，终能深入蒙古军占领地域者，显是教侣安德与其同伴。安德等必在帖必力思识此列边阿答，而知其人在同教人中对于蒙古人独具一种无比势权。特别派往蒙古军占领区域之罗马教士，曾不惜下行至于报达哈里发领土内，聂思脱里派掌教驻在之赛留西亚-泰西封。又一方面，美索波塔米亚高原、西北波斯、东阿美尼亚等地之雅各派与聂思脱里派信徒，既经前此危难，复惧未来祸灾。处于伊斯兰教徒狂信与蒙古人残暴之间，不免属望罗马之救助。由是在不能发生效力的协定之下，隐伏有一种政治微意。教侣安德之往使，是否已与蒙古统将拜住接洽？其事可能，然未可必。彼等似因未详的理由，一旦与蒙古遭遇，并与诸异派基督教团缔结一种临时协定以后，即行退回。其获见拜住者，盖为第二次奉使之教侣阿思凌，然被拒绝，如所遇者亦是列边阿答，又可见其人前后感情之殊，而此次使命之失败不仅关系政治，并且关系宗教矣。欲确定其是非，必须能求范珊·薄韦书所本之出处。惟在决定此点并明了阿思凌奉使事以前尚有一种要文必须引证，此文尚未经戈鲁波维次神甫与拉斯图尔君检出。

※

玛泰·巴黎应殁于 1259 年，曾在其《广记》（*Chronica majora*）中志有蒙古人事迹。其《补编》（*Additamenta*）中"第 61 号残文"颇为重要，似尚无人引证及之。我下文根据卢亚德（H.

R. Luard)的版本而全文转引之:①

骇人听闻的记载

菲烈德里决定在他统治的国家里对抗教会,并且声称,不管是谁,只要他听从了教皇的声明,依附于教皇的名望,服从教皇关于教会和人民决议的条规,或者接受教皇革出教门的处罚,他就得失去一切荣誉、恩赏、职位和职务,被剥夺一切财产,被可耻地流放。但是,倘若有谁拒绝服从教皇,尽管皇家的赏赐已经使他致富,他还可以免除一切赋税。他还发誓永远不同教会合作,除非他坚信已经摘掉他蔑视和平的罪名。

制度

他们的统治制度是这样的:每个有统辖权的人,直到国王,统辖十人,即十夫长,统辖十个兵丁和他们的军需;百夫长,统辖十个十夫长;千夫长,统辖十个百夫长,这样一直到国王本人,以此在一旦需要把军队开进某个战斗营地时,他们可以按十位制挑选和编制受挑选的人。此外,教侣安德及另一宣教会士前不久来到卢格杜诺姆(Lugdunum),其中一人被遣,由教皇处抵达达人处,行程二年。另一教侣从阿迦(Acon)前去,行程四十五日,方找到一支达达人的军队。在这支军队中,除许多从别的民族征召来的人以外,约有三十万由达达人组成的骑兵。这支军队五个月的行程,……大王的

---

① 《玛泰·巴黎广记补编》(*Matthaei Parisiensis Chronica Majora*,*Additamenta*),卢亚德刊本,第六册(1882)第112—116页;此残文在原稿第89页;旧刻本与法文译本皆无此文。

56 军队。在这支军队中,曾经有个在行为、外貌和德行方面都很超群的教士和掌教,人们称他为修道士,他曾经从国王那里得到权力,在征服某个国家之前,由他祈求和平,保护教会,建设和恢复受到破坏的教会,保护信教的人和国王属下的全体基督教徒。达达王只要对全体人民的统治权,建立全世界的帝国,并非一味杀戮,他只允许那些顺服他的人继续耕作,但不允许任何一个反对他的人耕种田地。

关于他们的教礼

教侣被询问时回答说,他们相信只存在一个神,他们有自己的信仰,任何一个违犯信仰的人都要受惩罚。他们的国家在管制方面非常平等,倘若发现有背着自己的妻子和嫔妾,与别人的妻子、嫔妾或女儿通奸,又倘若发现有人有欺骗行为,他将被毫不留情地处死。

关于他们的威力

他们的威力是:他们已经把整个亚洲东部,一直到距安都两天行程的地方,全都置于自己的统治之下,倘若不是那位修道士劝阻他们,他们也已经把它攻下了。现在已经无法阻挡他们。他们把曾经在圣地战胜基督教徒的花剌子模人从他们的国土上赶走,已有二十五年,并且嘲笑后者竟然反抗最强大的达达王,敢于同他打仗。被他们征服的其他王国有可尼苏丹国(Soldanum de Yconio),该王国的土地几乎比山这边所有王国的土地都大,它每天向达达王交纳一千枚金币和一个骑着战马的罗马人作为贡赋。他们的盔甲轻便,用皮革制成。他们不使用弩炮,但都是最出色的弓箭手。他们的食物相当单调,他们把压缩或晾干的马肉或其他动物肉埋在沙里,用水或马奶浇灌沙子,然后挖开,作为干粮。

达达王的来历

该教侣还说,他们的国王是一个女基督教徒的儿子。他的父亲征服了整个印度,把一个名叫若翰(印度所有国王拈阁使用这个名字)的长老杀了,娶了他的女儿为妻,现在统治达 57 达人的王即是她所生的。上面提到的那位修道士被带到那个女人那里见达达王,因为这位修道士以前曾同先知若翰长老在一起。当达达王知道他是个富有知识的圣人时,就把他留下,赋予他一定的权力。该修道士曾以乌木杖一条,交由上面提到的那个教侣转赠教皇作纪念,并上书教皇和菲烈德里,声言他敬爱他们,告诉他们教门多事,彼此斗争,不提防强大的达达王即将前来同他们开战,整个基督教世界将无法抵抗他的兵力。

关于上面提到的那个教侣

上面提到的那个教侣还叙述了许多别的情况,人们相信那些话,主要是由于他的威望。他通晓阿剌壁语、伽勒典语,无论他们谈论什么,都瞒不过他。他在那里同那个先知修道士一起住了二十天,修道士对他大为称赞,并遣使者同他一起去见教皇。

此外,达达王的叔父曾统率军队同匈牙利(Hungariae)王作战。我还曾从一个教侣那儿听说,教皇曾经给奥桑(Osan)主教写信,说在短期内将新选一位大汗,这位大汗或较死者为优。

关于圣地的消息

此外,在圣地有凯里斯提亚节(magna caristia),据一个新近同主教一起从土耳其来的教侣说,撒拉森人(Sarracenos)互相残杀,他们同花剌子模人(Chorosminis)经常发生冲突,同巴比伦王(Babiloniae)作战,别的部落帮助巴比伦王反对基督教徒,没有人敢耕种土地。基督教徒反对撒拉森人,撒拉森人则同花剌子模人、巴比伦人一起,经常同基督教徒打仗,到目前为止,基督教徒仍然占据着以前拥有的营地,而且还有所扩大,在靠近耶路撒冷和另外两个地方。

58

关于各地方之间的行程

自阿迦(Acon)至安都(Anthiochia)行程十日,自安都至阿勒波(Alapia)行程两日,自阿勒波至尼尼微(Ninive)行程十六日,自尼尼微至修道士居所行程十七日。

关于上述修道士的品行

应该说,上述那位修道士具有杰出的品行和克制精神,因而被称为圣人,对他或别的修道士来说,食肉被视为一种恶行,倘若不是在遇到死亡危险时为恢复身体的话。他认为,在任何时候,特别是在四旬节(Quadragesima)和礼拜五(diebus Veneris),修道士食鱼也是不合适的,就像我们经常认为有人在四旬节或礼拜五食肉不合适一样。

上文中不少问题,虽未完全解决,然已知:

(一)列边阿答信札与雅各派掌教伊纳爵信札中所言之教侣安德与其同伴,确为多明我会士,而非方济各会士。由是西利亚诸王信札所言之"宣教的教侣",如为同一使者,应亦属同一会士。

(二)多明我会士安德,经教皇派往蒙古君主处者,奉使二年,始还里庸。(三)教侣安德通晓阿剌壁语同迦勒典语,质言之,西利亚语,然在此处所指者得为波斯语。[①]（四)他曾与一"修道士"相处有二十日,而对其人大为称誉,其人显是聶思脱里派之审温·列边阿答。(五)此"修道士"曾以乌木杖一条交由教侣安德转赠教皇,并作书致教皇与皇帝菲烈德里二世,告以蒙古行将侵入,基督教境有残破之虞,不宜自启内争。列边阿答致菲烈德里二世书今未见,然因诺曾爵四世《册籍》登记之书适符玛泰·巴黎之说。[②]（六)教侣安德过圣让答克(Saint-Jean-d'Acre)以后,行四十五日。自阿迦赴安都十日;自安都赴阿勒波(Alep)二日;自阿勒波赴尼尼微十六日,自尼尼微赴"修道士"居所十七日。尼尼微在中世纪时,盖为毛夕里之流行名称;吾人又知审温·列边阿答住在帖必力思。则教侣安德在帖必力思见列边阿答,在毛夕里见总主教若望,在安都见掌教伊纳爵;携回教廷之信札默证玛泰·巴黎之说不误。我前曾假拟教侣安德曾由巴勒斯坦赴毛夕里与帖必力思,而于归途经安都时取得雅各派掌教上教皇书。设若此说不误,则玛泰·巴黎所录者盖为归程。

　　然有一主要问题未经玛泰·巴黎径向吾人阐明,即奉使年月

---

①　教侣安德与其同伴即是弘斯王信札所指"宣教会士"一说,在此处似遇有一种难关。满速儿王曾言其不举行"宣教会士"与伊斯兰教博士之讨论者,盖因"宣教会士"习用法兰西语同拉丁语辩论,而无阿剌壁语之充分知识。玛泰·巴黎乃谓教侣安德通晓阿剌壁语,与上说异。惟是曾经留居东方之人不难承认教侣安德所知阿剌壁语在日常生活中用之固有余,若与熟悉伊斯兰教神学精微的博士作专门辩论则不及。关于迦勒典语同波斯语之比附,可看安大奈书第133页。

②　反之,玛泰·巴黎谓列边阿答有一使者(nuntius)曾随教侣安德同行一说,吾人不知其何所本,疑误。

是已。卢亚德著录教侣安德之说于 1245 年,然后定其行程在 1246 年。惟 1245 年的年代,盖本于"第 61 号残文"首录的菲烈德里二世诏令。殊不知《补编》所录诸文次序杂乱,未言蒙古人的菲烈德里二世诏令,与其后确言蒙古人之圣职授任节(Ordinatio),似无关系。故我以为此节在玛泰·巴黎之意中,盖为其《广记》某节曾言蒙古事者之一增补文。

　　但在列边阿答信札中有一年代之指示,是即所言教皇对于皇帝宣布之咒逐(anathème)。所指者不应是 1239 年格烈果儿九世对于菲烈德里二世之初次宣布的驱逐出教之罚(excommunication),我以为必是 1245 年 7 月 16 日或 17 日里庸宗教大会正式宣布之制裁。无论教侣安德之首途在此时前或此时后,无论其获知皇帝之被谴责,系在里庸或在东方,无论首先传布此种消息于帖必力思者是他本人抑为他人,里庸裁判之宣布,要在 1245 年 7 月中旬,非至 1246 年初不得传至帖必力思也。

　　此与"第 61 号残文"审查之结果确能相合。此"第 61 号残文"中涉及蒙古事诸节,最后的记录不能在 1249 年以前,盖玛泰·巴黎曾在其中言及有托尔托萨(Tortose)主教莅会,而其来时只能位在是年复活瞻礼节前后也。然据教侣安德之说,与本于别一来源之"新选大汗或较死者为优"一说,皆可证明教侣安德之还里庸应在柏朗嘉宾还至此城以前,别言之,在 1247 年终以前;柏朗嘉宾既已参加贵由即位典礼,既持有贵由答教皇书,决不能如玛泰·巴黎说致书于奥桑主教。

　　由是观之,教侣安德旅行两年以后,最晚应在 1247 年中间归来,由是可解其携回之文件,在 1247 年 6 月杪前后登录入因诺曾爵四世《册籍》之理。惟在另一方面,位其首途之时于 1245 年初数月中,似乎不合真相。盖据玛泰·巴黎之说,派之往使"达达国王所",①惟未见此国王,而其足迹来逾帖必力思以东。前此虽有方济各会使者赴亚洲伊斯兰教区域,②虽亦有多明我会士进至迦勒典(Chaldée)地方,③教皇因诺曾爵四世决定遣使持书往谒蒙古君 62 主之时,只能在 1245 年初间。迄于是时,所闻关于蒙古人之消息,概为想像之词,如小亚细亚伊斯兰教诸王使臣在 1238 年告诉法国宫廷之说,④或菲烈德里二世 1241 年 7 月 3 日信札中语,⑤或伊维斯·纳尔榜(Ives de Narbonne)在 1241 或 1242 年所作信札中语,⑥皆非事实也。只有斡罗思大主教伯多罗(Pierre)之叙述较为 63

---

①　戈鲁波维次神甫曾谓"达达国王"盖指诸王,"大王"盖指大汗,此种判别,毫无根据,前已言之。今观玛泰·巴黎之文所称达达"国王"始终皆指大汗,足证上说之非。

②　教侣埃利(Elie)在 1217 年已被选为海外宣教士,质言之,圣地与地中海东全境之宣教士。圣方济各·阿西西(Saint François d'Assise)本人于 1212 年同 1213 至 1214 年两次失败以后,曾于 1219 年赴埃及,并在 1220 年莅西利亚。1233 年曾遣方济各会士往使大马司(Damas)王与报达哈里发所;然不知彼等已否完成其使命。参考戈鲁波维次书第一册第 86—97、113、163 页。

③　圣地之多明我会教区,建设于 1228 年。格烈果儿九世在 1233 年 8 月 14 日致埃及算端之教敕,特别言明交由多明我会士转递;其他以特权委付前往伊斯兰教国家同异教国家的多明我会士之教敕,所题年月是 1233 年 7 月 26 日、8 月 18 日、8 月 30 日。格烈果儿九世致多明我会士吉约木·蒙特费拉特(Guillaume de Montferrat)之教敕,则颁于 1235 年 2 月 15 日。

④　参看玛泰·巴黎《广记》第三册第 488—489 页。

⑤　参看玛泰·巴黎《广记》第四册第 112—119 页。

⑥　此未著年月之信札,系致波儿多(Bordeaux)大主教哲拉德·马尔莫特(Gérard de Malemort)者;《广记》第四册第 270—277 页载之;他书亦有节录其文者。此札据《广记》载入之位次,久已识为 1243 年信札;但此年月有误。沃尔夫(O. Wolff)《蒙古史》(*Geschichte der Mongolen*)(不勒思老[Breslau]1872 年刊)第 341—348 页以为此札写于"1242 年 3 月之初";然此说势须修改玛泰·巴黎书所录之文。因斯特拉克施-格拉斯曼(G. Strakosch-Grassmann)曾作详细研究(《1241 与 1242 年蒙古之侵入中欧》[*Der Einfall der Mongolen in Mitteleuropa in den Jahren 1241 und 1242*],因斯布鲁克[Innsbruck]1893 年刊本,第 144—147 页,又第 187—191 页),结论以为此札写于 1241 年 7 月以后。

正确,然似在里庸宗教大会中宣布,质言之,在 1245 年 6 月 28 日以后宣布。[①] 第在此时,不论因诺曾爵四世已否咨询方济各会与多明我会两会会长意见,[②]早已决定直接遣使蒙古矣;1245 年 3 月 5 日与 3 月 13 日之信札盖为此种使者而作;前此已言柏朗嘉宾携有后一信札,或者并携有前一信札复本,而在 1245 年 4 月 16 日首途。[③] 由是因诺曾爵四世对于蒙古提倡一种果敢的而簇新的政

64

----

①　大主教伯多罗之陈述,伯顿《年记》(Annales de Burton)第一册(1864)第 271—275 页,与玛泰·巴黎《广记》第四册第 386—390 页,并载有之,其文各有异同。玛泰·巴黎本作 1244 年文件,然伯顿本作 1245 年文件。伯顿《年记》似与原文较近,前有绪言,据谓大主教伯多罗之宣言曾在里庸宗教大会宣读。此大主教不解拉丁、希腊、犹太三种语言,对于所询关于蒙古事之问题九件,概命译人转达。然应注意者,宗教大会之记录,以及旧日记载,对此大主教伯多罗之生平,皆无一言及之。又据其说,谓 26 年前斡罗思泰半被蒙古人残破,此说应误,盖迦勒迦战后之第 26 年应在 1249;纵以蒙古人初见于高加索之 1221 年为起点,亦不能假拟大主教伯多罗陈述之言发表于 1247 年前。此外斡罗思人之操作,对于此人皆无著录。虽然如此,西方在柏朗嘉宾报告之前,所知蒙古人之消息,无有能与此文比拟者。

②　关于方济各会士者,可参考戈鲁波维次书第二册第 317 页所引亚当·马什(Adam de Marsh)信札,然对于此点亦未明白证明。此后可见对于多明我会士,情形亦不明了。总之,因诺曾爵四世业已咨询诸枢机员之意见,盖阿思凌对于拜住曾有是语(范珊·薄韦书第 32 卷第 40 章)。

③　核以两札内容,似为初次撰作。但是此类教廷信札,已有若干成为标准信札,曾在不同时代,有时录其标题,有时录其内容,有时完全采录其文。例如 1225 年 2 月 15 日格烈果儿九世致多明我会士吉约木·蒙特费拉特之教敕,有一部分用同一 Cum hora undecima(第十一日)标题录入 1237 年 7 月 28 日致其他多明我会士之教敕中(巴尔姆[Balme]《集》,第一册第 262 页);已而又录入 1239 年 6 月 11 日致方济各会士之教敕中(戈鲁波维次书,第二册第 305 页);因诺曾爵四世于 1245 年 3 月 21 日或 22 日致方济各会士之教敕,亦曾利用及之(贝尔热《因诺曾爵四世册籍》第 1362 号;戈鲁波维次书,第二册第 316 页);后在 1253 年 7 月 23 日致多明我会士教敕重又沿用(贝尔热书第 7753 号,戈鲁波维次书第二册 330 页);最后,克烈门四世(Clément IV)又用作 1265 年 5 月 18 日致多明我会士教敕蓝本;我尚不敢保无遗漏。相类情形在 Viam agnoscere veritatis(不识真理之路)教敕中亦见有之,此敕鼓励东方君主(伊斯兰教君主与蒙古君主)领洗,后此教敕数采其文与其标题。

策;我以为教皇遣派教侣安德往使"达达国王所"时,似不得在此类 65
1245 年 3 月信札之前。[①] 准是以观,教侣安德首途,不能在 1245
年春季以前,[②]顾据玛泰·巴黎之说,行程亘二年,而其归时确在
1247 年杪以前,则可位置于是年之春季,或夏季。由是此次教侣
安德主持的多明我会士奉使一事,与阿思凌主持的多明我会士奉
使一事之未定的关系,发生问题。研究此种极为复杂的问题以前,
应先考证此教侣安德为何人。顾此东方大传教士之一切事业,与

---

①　我在此处与拉斯图尔君见解不同,彼以为 1244 年 3 月 22 日之 Patri luminum
(主教之荣光)教敕是致教侣安德与其同伴者,此教敕赋予诸传教师特权,"诸权限中列
有与离教派为圣事(in sacris)接洽之权"。然此敕盖致圣地一般多明我会士,并未著录
教侣安德之名,我以为与此人毫无关系。教侣安德纵奉有劝告异端派同离教派归向罗
马公教之命,其专责确在奉使赴蒙古人所;有满速儿信札同其至帖必力思之行程,可为
证明;玛泰·巴黎且曾明言教侣安德赴"达达国王所"(ad regem Tartarorum)也。顾在
1244 年 3 月 22 日教敕中既未涉及蒙古人,我以为此敕盖为颁给已在东方或将赴东方
的多明我会士或方济各会士诸敕之一,而与因诺曾爵四世直接与蒙古人交涉之计划并
无关系。我所持因诺曾爵四世"蒙古计划"发生年代之说,或者有人以上引(第 60 页注
②)方济各会士亚当·马什信札之语而为驳难。此札写于 1245 年 1 月 7 日以后,中有
遣英吉利籍方济各会士二人于本年春间航海期内往使达达等语。此札固写于 1245 年
1 月 7 日以后,要在同年 6 月 28 日宗教大会开幕之前。盖亚当·马什对于花剌子模军
在 1244 年 8 月 10 日入耶路撒冷事,尚不甚明了(ut dicitur);曾言教皇致书召集方济各
会长与其他教长齐赴宗教大会,则可假定其距开会之期尚远。诸教侣中挑选英国方济
各会士往使蒙古,应在指派罗朗·葡萄牙、柏朗嘉宾之前,质言之,在 1245 年 3 月 5 日
以前,英籍方济各会士二人似未成行。札中有本年春间航海期内选派之语,足证此札
写于 1245 年一二月中。又云教皇有意(proponil)遣方济各会士赴东方逕至达达区域,
未言先已咨询方济各会会长之意见,足证因诺曾爵四世自动派遣。准是以观,因诺曾
爵四世"蒙古计划"之发生应在 1244 年底教皇行抵里庸之后。

②　此即是"航海"之通常时期,亚当·马什信札曾表示因诺曾爵四世最初计划,即
在此 1245 年春季航海时期,命往使蒙古之方济各会士出发。罗朗·葡萄牙或未成行,
柏朗嘉宾终取陆道(1245 年 3 月 21 日至 25 日诸教敕似欲使方济各会士循海而东,纵
非往使蒙古,然亦得谓前赴伊斯兰教诸国;参看戈鲁波维次书第二册第 316、331 页),
多明我会士安德既从西利亚赴蒙古人所,于前为方济各会士预定之时期登舟,亦属当
然之事。(安大奈书第 53 页亦谓教侣安德在 1245 年三四月出发)

其继阿思凌后约二十年之事迹，必须详为说明，我此时仅言多明我会之安德即安德·龙如美，叙述其人事迹以前，须将世人所知阿思凌奉使事试为阐明，并将其传记中之牢不可拔的错误屏除，缘最近的研究尚不免沿袭前误也。

第二章　阿思凌

多明我会昔日传教亚洲之历史尚鲜整理。就事实言，其文献
实不及方济各会之丰富明了。而且其用之所来源真伪夹杂，毫无
鉴别；今日颇难将累积已久的故事同误解屏除于事实之外。

多明我会史家最近者是莫蒂埃（Mortier）神甫。关于阿思凌
奉使事，他在所撰《宣教会诸会长传记》（*Histoire des maitres
généraux de l'ordre des Frères Prêcheurs*）第一册（1903）第
383—384 页所持之说如下：

[因诺曾爵四世欲使相传愿向本教之达达入教]

应是巡历人传播欧洲之茫无根据的流言。里庸第一次宗
教大会开会时，因诺曾爵与玉格·圣奢尔（Hugues de Saint-
Cher），及其他莅会教侣言其遣使计划。盖拟对于当时退兵
波斯之达达统将遣派一种正式使节……

因诺曾爵通知法国区长翁贝尔·罗曼（Humbert de
Romans）。区会将开，区长届时以教皇之命转答诸教侣。彼
等热诚接受。咸求区长指派。欢望至于堕泪。但须选择。举
荐教侣四人于因诺曾爵；是为阿思凌·隆巴儿底（Ascelin de
Lombardie）、安伯利（Albéric）、阿历山（Alexandre）、洗满·

圣康坦(Simon de Saint-Quentin)等四人……[1]阿思凌等循海道抵于普托利迈斯(Ptolémais),然后经行阿美尼亚、谷儿只两地,进至高加索之梯弗利思(Tiflis)。途中别有教侣二人来会,其一是与圣类思具有关系而著名之安德·龙如美,其一是梯弗利思修道院教侣、熟悉地理语言风俗之吉沙尔·克雷莫纳(Guichard de Crémone)……[2]

68 阅其文,此次使节之起源与组合,证据似乎充足。然据我所
69 知,未见何本著录有因诺曾爵四世对玉格·圣奢尔之谈话。[3] 余文

---

① 下文经我删削,其文涉及柏朗嘉宾事。就中有云:柏朗嘉宾"行抵新选达达大汗驻跸之乞瓦"。莫蒂埃神甫盖误以斡罗思之乞瓦与哈剌和林附近之昔剌斡耳朵为一地。

② 戈鲁波维次神甫在其书第一册(第213页)仅名其人为Ascelin,又在第二册第87页名之曰Ezelino,而同册(第333—334页)转录《宣教会诸会长传记》之文,改原文之Ascelin de Lombardie为Anselme de Lombardie。此外(第二册第330页)又互用"Anselme或Ascelin"名称;关于此类名称,后此别有说明。

③ 有人又使玉格·圣奢尔参加遣使蒙古之别一事,我以为亦无理由。柏朗嘉宾在其书篇末偶加一语,世人始终解如下说(大维札书第766—767页):"随同吾人的仆役应教廷派驻日耳曼大使而为枢机员者之请衣达达衣,进(犹言回)向彼处之时,在道被日耳曼人殴击,几毙,被迫脱去此衣。"大维札(第481页)谓此枢机员即是Hugue de Santocaro,后人多采其说;此Hugue de Santocaro当然是玉格·圣奢尔。设若柏朗嘉宾之文解释非误,而其人确是玉格·圣奢尔,则世人所知其人之事迹,足以确定1246年柏朗嘉宾经行日耳曼之时间与地域矣;我对此后别有说。又一方面罗克希耳《卢布鲁克行记》(第30页)曾假拟玉格·圣奢尔供给之仆役"或者进至乞瓦"。然乞瓦在当时虽属蒙古统治,尚不失为遵守斡罗思风习的城市。设若仆役进至此城,我不信其除蒙古衣服外,别无他衣可求;再者设若此辈在乞瓦与柏朗嘉宾离别,从乞瓦归日耳曼境颇易,其衣服似不至于破敝,而使之不得不改衣一种外国衣服。惟是此处有一重要难题,已经乌明斯基(Uminski)君(第34页)简单提出。本笃·波兰(Benoit de Pologne)曾云:离乞瓦后行六日,抵第一蒙古驿站(prima custodia),柏朗嘉宾同他改乘蒙古马匹前进,将染病的第三教侣同所携带之马匹仆役留置此处(大维札书第775页);有人以为(柏朗嘉宾名卡诺夫[Kanov]为一田舍,而将蒙古第一驿站位置于其地之东甚远)患病之教侣即是德望·博海迷(Étienne de Bohème)而被留置在卡诺夫。第若根据柏朗嘉宾之说,则谓从乞瓦人言,将原有马匹留在乞瓦,使侍仆二人守之,而待(接下页注释)

盖采自两种资料：一为未列何种姓名的"堕泪会"之记录，一为洗 70
满·圣康坦所撰作然经范珊·薄韦转录而不尽忠实可靠者，就实

（接上页注释） 其还（第 736—737 页，柏朗嘉宾并未思及远至大汗廷，以为不久即归）。其后当然未言在卡诺夫有相类留置之事。然抵窝勒伽河畔拔都营帐之时，拔都命之进至蒙古境内，乃偕本笃·波兰于 1246 年 4 月 8 日前行；将相偕抵之之随从留置于此，命彼等还报教皇；然此辈行抵马兀赤（Mauci）（驻守的湟培儿东岸之戍将）戍地之时，被此人扣留，柏朗嘉宾回至此地，始携之于 1247 年 6 月 2 日西还（第 746—747、768 页）。本笃·波兰与柏朗嘉宾之记述，在此处亦难融和，我以为应以柏朗嘉宾之说为是。留置马匹与仆役二人之所，应是乞瓦，而非卡诺夫。至若患病之教侣与其他仆役被留之处，应在窝勒伽河畔拔都营帐之处，柏朗嘉宾所言在马兀赤重见之伴侣同仆役（nostri socii et servientes），我以为伴侣是德望·博海迷；诸仆役中或有教廷派驻日耳曼大使而为枢机员者供给的仆役在内；此辈与蒙古人同处一年有余，换衣新服，始得其解。此外，应注意者，柏朗嘉宾在 6 月 2 日经马兀赤戍地，在 6 月 9 日抵乞瓦，凡行七日，与本笃·波兰所言之六日相差不远，本笃或闻其说者，记录其事容有混解。由是观之，德望·博海迷盖与柏朗嘉宾、本笃·波兰同还基督教境，1247 年 10 月 3 日行经苦伦（Cologne）时，德望业已他适一说，毫无证明。至若所谓玉格·圣奢尔供给之仆役，据柏朗嘉宾之说考之，回至日耳曼时，业已遣还大使所，由是诸事皆得其解，惟尚有难题，即玉格·圣奢尔在 1246 年同 1247 年皆未为驻日耳曼大使是已。大维札（第 481 页）仅引保罗·潘萨（Paolo Pansa）所撰《因诺曾爵四世传》（Vita del gran Pontefice Innocenzio quarto），而此传记谓玉格·圣奢尔在 1245 年派往日耳曼参加选举亨利·图林格（Henri de Thuringe）为罗马王之典礼，此说有误，业已有人辨正其非。参加 1246 年 5 月 17 日亨利·图林格之选举的教廷大使，是斐拉拉（Ferrare）主教菲利普·丰塔纳（Philippe Fontana）；而在 1247 年 10 月 3 日参加荷兰威廉（Guillaume, comte de Hollande）之选举者，乃枢机员皮埃尔·卡波乔（Pierre Capoccio），玉格·圣奢尔被派往日耳曼时，晚在 1251 年 4 月。1247 年 10 月 3 日选举时，柏朗嘉宾确在苦伦（参看戈鲁波维次书第一册第 214 页），所言在日耳曼为教廷大使的枢机员，只能是皮埃尔·卡波乔。或难者曰，1246 年柏朗嘉宾东行经过日耳曼时，此枢机员不在日耳曼境内；然又一方面菲利普·丰塔纳从未为枢机员，此事与彼无涉。然则必须承认 1247 年的大使曾在 1246 年供给仆役，当时他在日耳曼境外，如里庸等地也。然而我很疑惑大维札继瓦丁后读柏朗嘉宾之文或有误解。设若此枢机员业已供给仆役，乃如 exrogatu（根据请求）一语，未免甚奇。然则不能下解矣："随同吾人的仆役，应教廷派驻日耳曼大使而为枢机员者之请时，衣达达衣赴彼处……?"则此类仆役似为柏朗嘉宾携归之蒙古仆役，荷兰伯威廉选举时苦伦街市发生殴击事件容有其事也。

际言,世人所知阿思凌奉使之资料,大致仅有是编可考。[①] 其中有
一事颇确实,即任在何时安德·龙如美皆未参加此次使节是已。

本卷第一章已言遣使赴蒙古人所,盖为 1245 年春季事,时在
里庸宗教大会开会前数月。方济各会士柏朗嘉宾情形必定如此。
方济各会士罗朗·葡萄牙因有 1245 年 3 月 5 日信札,若已成行,
应亦同然。多明我会士安德从里庸发足赴西利亚时,必亦在 1245
年春间。诸使行后,因诺曾爵四世是否欲另派新人往使蒙古,是否
在宗教大会中向玉格·圣奢尔面谈,其事有可能,然吾人毫无所
知。惟第一批使者成绩未详以前,另遣新使,似无理由。

至若法国多明我会区会开会时宣读因诺曾爵四世命令一事,
盖见 1203—1254……宣教会士传》(*Vitae fratrum O. P.* ……*ab
anno MCC*Ⅲ *usque ad MCCLIV*),哲劳德·弗拉歇(1205—
1271)之撰作也。[②] 是编第 150 页述 1230 年大会中诸教侣表示热

---

　　① 首先参合此二资料者,非莫蒂埃神甫;盖采之于丰塔纳之《多明我会文献》
(*Monumenta Dominicana*),(罗马 1675 年刊本第 52 页)。多桑《蒙古史》(*Hist. des
Mongols*)第二册第 208 页同安德烈-玛利(André-Marie)《远东之多明我会传教事业》
(*Missions dominicaines dans l'Extréme-Orient*)(巴黎里庸 1865 年刊本第二册)第一册
第 12 页亦从之。顾丰塔纳书所载"堕泪会"之文亦是采自塔埃吉(Taegius)书者。案
安布罗西·塔埃吉(Ambroise Taiggi, Taegius)米兰(Milan)人,1485 年入多明我会,
1517 其人尚存。遗有《记事》(*Chronicon Ordinis generale*)巨帙六册,未曾刊行,然本
会史家,尤其是马尔文达(Malvenda)常引其文。《记事》写本或有一编藏在罗马多明我
会总档;惜我未能一检。丰塔纳所记"堕泪会"的消息必本于此,而塔埃吉本人必又采
之于哲劳德·弗拉歇(Géraud de Frachet)书。塔埃吉是否视"堕泪会"指定之使者即是
阿思凌等,似未可必,盖马尔文达已见塔埃吉稿本,对于此点竟无一言。由是观之,迄
于现在吾人所知牵合哲劳德与范珊·薄韦二书之文者,不能上溯至丰塔纳以前,质言
之,不能上溯至 1675 年以前也。

　　② 赖歇特(B. M. Reichert)本,载入《宣教会历史文献》(*Mon. O. P. historica*)第
一册,罗马 1897 年刊本。标题虽然如此,记事延至 1254 年以后。

诚,愿往圣地一事以后,第 151 页接述教皇因诺曾爵拟选会士赴达达所,会士闻知,喜极而泣。

　　　教皇因诺曾爵命令法国区长,为同一目的,遣若干教侣,循原道往使达达人处。命令在教区会议上宣读,立时有许多出色的教侣自我举荐,众人欢望至于堕泪。有人请求委命,有人堕泪是因为有如此可亲可敬之教侣,他们甘愿忍受难以预料的苦难和无数的死亡威胁。有人因为获准,高兴得哭了起来,有人因为未能获准而失声痛哭。

　　是编所记惟一确定消息,仅位其事发生于因诺曾爵四世在位时代(1243—1254),由是共事不得在 1243 年,盖翁贝尔·罗曼在为会长以前,曾于 1245 至 1254 年间任法国区长。顾法国多明我会区会既无记录可考,则"堕泪会"之时代尚待确定也。

　　赖歇特在是编第 151 页之注释中假拟因诺曾爵四世命令发表于 1253 年,盖此年因诺曾爵四世曾命驻在东方之教廷大使枢机员奥登·沙多鲁(Odon de Châteauroux)在方济各会士与多明我会士中添设主教数人,预备遣赴蒙古传教。此说根据薄弱。所言因诺曾爵四世信札,盖指 1253 年 2 月 20 日之 Athleta Christi(基督的竞争者)信札。[①] 1249 年初,圣类思曾遣安德·龙如美往使大汗所,其事详本卷第三章。安德于 1251 年 3 月在巴勒斯坦之凯撒里亚(Césarée)谒国王圣类思,曾进言曰,蒙古人中有异派基督教徒不少,[②]不难劝其中多数人归向公教,并谓报达哈里发领土内基督

_____

①　参看贝尔热《因诺曾爵四世册籍》第 6365 号;戈鲁波维次书第二册第 389 页。
②　所指者显是聂思脱里派信徒。

教团主教人数太少。圣类思据以函达教皇。因诺曾爵四世接书后，不明本地情形，乃决定赋予教廷大使特权，命其选择传教其地之方济各会士与多明我会士若干人，以补迦勒典、美索波塔米亚等处缺额。则毫无可以假拟有从欧洲新遣传教师之事。新遣之事，未始无之；1253 年 7 月 23 日之 Cum hora undecima（第十一日）教敕，即颁给行赴东方之多明我会士者；冒头列举诸民族中即有达达；惟列举的民族甚众，非专为达达发布者也。[1] 别有信札一件，引之较为适宜：是即 1254 年 2 月 26 日之 Cum dilectos（被荐者）信札，命谷儿只多明我会诸教长"宣扬天主之语于达达"者是。[2] 上引《宣教会士传》未言昔在"堕泪会"宣读之因诺曾爵四世命令，涉及遣使赴达达君主所，不得谓非仅派传教师赴蒙古人所宣传宗教也。则据吾人所知，毫无否认"堕泪会"选出之多明我会士即是 1254 年 2 月 26 日信札所言教士之理由。第欲阐明此点，势须对于法国多明我会区会会议获有详细调查，然此细情未见何书著录。但吾人别有一法可以着手于此问题之寻究，而我以为可能证明者，莫蒂埃神甫所持阿思凌奉使在里庸宗教大会之后一说，不必仔细研求，已足洞见其非。

　　吾人对于遣使之时期，固无法直接考订，然其旅行之时间与归来之时间可得言也。据后此之说明，可见使者留滞拜住那延

------

[1]　参看贝尔热书第 7753 号；戈鲁波维次书第二册第 330 页。

[2]　参看贝尔热书第 7781 号。接到 1254 年 2 月 26 日信札之多明我会士出发时似甚晚；否则两年后似又有遣派会士事，盖翁贝尔·罗曼为多明我会会长时，曾于 1256 年自巴黎发布一种通用信札，言及会士赴达达事也（见《宣教会历史文献》第五册，1900 年刊第 40 页）。

（Baiothnoy、Baiju-noyan）所后，归时有持拜住那延信札之达达使者二人偕行。考玛泰·巴黎之《广记》与《英吉利史》（*Historia Angliae*），[①]皆著录有达达君主派赴教皇所之使者二人，于1248年夏间到达。又据因诺曾爵四世1248年11月22日致拜住那延之 Viam agnoscere veritatis（不识真理之路）信札，内有"使者持书来"语。[②] 此二蒙古使者显是阿思凌携归之人，而1248年11月22日信札盖为回复拜住那延之答书。又一方面后此言及范珊·薄韦书之诸章，曾谓阿思凌旅行期间有"三年又七个月"；多明我会士约翰·科隆纳（Jean de Columna）之《史海》（*E mari historiarum*）则谓有"三年又四个月"；阿思凌等既在1248年7月至9月间归来，而教皇答书又作于1248年11月22日，似可推想阿思凌归时得在是年九月，而其首途时应在1245年3月，与柏朗嘉宾及安德·龙如美发足之时间同也。吾人以为因诺曾爵四世既有与蒙古君主直接交涉之重要决心，欲其尝试之有成效，故遣派使者数起，分途出发。既以两种使节委付多明我会士，则并以两种使节委付方济各会士，亦意中或有之事也。诚如是，罗朗·葡萄牙似已与柏朗嘉宾同时成行，[③]惟柏朗嘉宾于最后时间决循陆路，罗朗·葡萄牙则在

74

---

① 参看《广记》，卢亚德本，第五册第37—38页；《英吉利史》，马登（Madden）本第三册第38—39页。

② 参看贝尔热《因诺曾爵四世册籍》第4682号。

③ 则在本编第一卷所言罗朗·葡萄牙事应予改正。然不可因其具有奉使经验，而谓其在1247年任为驻在东方的教廷大使（参看罗克希耳《卢布鲁克行记》前第24页；毕斯雷《近代地理之开始》第二册277页）；戈鲁波维次神甫（第一册第215—216页；第二册第350—355页）业已证明在1246年7月7日已为驻在东方的教廷大使，又在1254年为柏朗嘉宾第二后任人而任安迪哇里（Antivari）大主教之罗朗，非葡萄牙籍之罗朗（Laurent de Portugal），而是罗马乌特（Orte）地方之罗朗（Laurent d'Orte）。

春季"航海期间"出发，与多明我会之两起使者同也。彼等或皆携有 1245 年 3 月 5 日与 13 日之致"达达国王"信札，同 1245 年 3 月 25 日之致东方一切异派掌教信札。① 那么我们就会理解同时代的尼古拉·卡勒维（Nicolas de Calvi）的一句话了，此人非常熟悉其情况。在《因诺曾爵四世传》（*Vita Innocentii Ⅳ*）中，在祝贺柏朗嘉宾出使蒙古人的功德之后，他又补充说"只有他单独一人抵达他们的皇帝处，当时许多人都尝试过，但都未能见着他，因为其间距

①　阿思凌归时确在 1248 年夏间，客提夫（Quétif）同耶沙尔（Echard）书，（第一册第 122 页）误以其在 1248 年杪，或 1249 年初还至里庸；屠隆《名人传》第一册第 155 页，同改订《多明我会年记》（*Année dominicaine*）第二编（1893）第 580 页，误解并见；此旧说并见转载入于利斯·谢瓦利埃（Ulysse Chevalier）《书录传记索引》（*Répert., Bio-Bibliogr.*）二版第 345 页中；其误盖因以使者出发时间在 1245 年 7 月。错误尚不如下列诸编之甚，罗克希耳《卢布鲁克行记》前第 24—25 页，毕斯雷《柏朗嘉宾与卢布鲁克之本文与译文》（*The texts and versions of John de Plano Carpini and William de Rubruquis*）以下简称《本文与译文》第 269 页，同一撰者《近代地理之开端》第二册第 277 页，咸以为阿思凌"曾在此 1247 年奉使赴波斯之蒙古人所"。此误不始于当时。保罗·潘萨《因诺曾爵四世传》维尼思［Venise］1598 年刊本第 98 页；参看大维札书第 464 页）与 1574 年之剌木学（Ramusio）重刊本（1606 年刊本第二册第 233 页同）并见有之。皮埃尔·伯尔日隆（Pierre Bergeron）在其 1634 年刊布之《达达志》（*Traité des Tartares*）（《行记汇编》［*recueil de Voyages*］海牙［Haye］1735 年刊本第 42 页）又误以阿思凌奉使期间始 1247 年，终 1251 年（然在其行记告读者词中，又以柏朗嘉宾、阿思凌在 1246 年出发）。佩提斯·拉克鲁瓦（Pétis de la Croix）《大成吉思汗史》（*Hist. du grand Genghizcan*）1710 年刊本第 551 页，亦以阿思凌使蒙古是 1247 年事（又误书因诺曾爵四世为若望四世）。德景（de Guignes）之《匈奴通史》（*Hist. generale des Huns*）第三册（1757）第 111 页错误更明，以为阿思凌等在 1247 年 8 月出发；盖误录伯尔日隆之文，而以原误 1247 年 8 月抵拜住所之年月为出发年月。多桑《蒙古史》第二册第 209 页又误以柏朗嘉宾、阿思凌出发时在 1246 年；布莱慈奈德（Bretschneider）《中世纪寻究》［*Med. Researches*］第一册第 113、166 页）采阿思凌 1246 年出发一说，并误以欧洲已识拜住之名，而阿思凌之奉使乃指明往拜住所；殊不知阿思凌曾向拜住言，教皇不特不知有拜住，且不知有拔都与大汗，曾因此惹起拜住之愤恚也（范珊·薄韦书第 32 卷第 40 页同第 46 页）。后此可见误以柏朗嘉宾、阿思凌出发于 1246 年，在中世纪时已早见多廉·鲁基斯（Ptolémée de Lucques）与包灵·维尼思（Paulin de Venise）二氏之书云。

离太远,他正在自己军队的最远部分,而那部分军队又驻扎在辽远的地方"。如仅柏朗嘉宾和阿思凌曾试图与大汗建立关系,则"许多人"就无法解释。

※

由是观之,阿思凌之奉使确在 1245 至 1248 年之间;有玛泰·巴黎书同因诺曾爵四世《册籍》可为证明。然使事之经历,大致仅有范珊·薄韦书可考,盖其《史鉴》采录有使者中一人洗满·圣康坦之归后记述也。不幸洗满·圣康坦之原书已佚。[①] 范珊·薄韦虽特将诸章全文转录,然亦录他书之文常不著其出处,或将洗满·圣康坦之文窜入他文之中;并且将采撷洗满·圣康坦诸章,有时完全杂录于柏朗嘉宾记录之内。[②]

76

---

①　除范珊·薄韦书外,别无他书著录洗满·圣康坦记述之文。然我赖芒多内神甫之指示,获知别有一人藏有是编。罗伯特·达维松(Robert Davidsohn)撰《佛罗伦斯之历史寻究》(*Forschungen zur Geschichte von Florenz*)第四编,柏林 1908 年刊本第88—89 页,曾录弗雷德里克·维斯孔蒂(Frédéric Visconti)在皮撒(Pise)城之说教词,此人在 1245 年曾参加里庸宗教大会,后在 1254 年任皮撒城大主教演词中有教皇因诺曾爵四世,曾以多明我会士达达事之小册子交彼等语。既属多明我会士撰作,当然不是柏朗嘉宾之书。安德·龙如美于 1245 至 1247 年间旅行归来,未闻撰有相类撰作。则教皇交下之小册子或是洗满·圣康坦之记录。

②　其结果则在世人往往将洗满·圣康坦之文误属柏朗嘉宾,或将柏朗嘉宾之文误属洗满·圣康坦。后此我将言及布佐夫斯基(Bzowski)及继其后之丰塔纳对于此事,发生有奇特之误解。19 世纪之考据家,误解之最显明者,曾见沃尔夫《蒙古史》第387 页;沃尔夫以为阿思凌是柏朗嘉宾之伴侣。费杰(Fejér)在其《匈牙利外交文辑》(*Codex diplomaticus Hungariae*)第四册转录范珊·薄韦书柏朗嘉宾诸章,而题撰者为阿思凌。关于此类误解较古之例,可看大维札书第四册第 465—466 页。有时且有人误以范珊·薄韦亲闻其说于洗满·圣康坦;首持是说者为伯尔日隆,他在柏朗嘉宾与阿思凌行记篇首所撰之致读者词,即持是说;此说毫无根据。

77 则将范珊·薄韦书所录洗满·圣康坦佚编之文采摭而疏释
之，关系固甚重也。1537 年时有人曾将范珊·薄韦书所录柏朗嘉
宾与洗满·圣康坦二编诸章辑为一册，曾在维尼思刊行。[1] 1574
78 年剌木学本之重刊人，及以后之赖内克(Reineke)、伯尔日隆曾仿
行之。然此类辑者，并未将洗满·圣康坦之文完全裒辑，戈尔迭
(Cordier)《中国书录》(*Bibl. Sinica*)第二版第 1960 行所录洗
满·圣康坦章目亦不完备。辑录章目较佳者是 1876 年察恩克之
辑录，[2]1903 年毕斯雷君之辑录，[3](乌明斯基君在 1922 年又重录

---

[1] 参看《中国书录》第二版第 1956 行。刊行者是尼科利尼·萨比奥(Nicolini da Sabio)。此时以前业已有人将范珊·薄韦书所采柏朗嘉宾、洗满·圣康坦二编之文另为缮录收入东方行记诸篇之中。如英国博物院皇家学院 19. D. I. 十六世纪法文写本，前录有马可·波罗同鄂多立克两记，次为《史鉴》中柏朗嘉宾和洗满·圣康坦之文，其次就是 Directoire，也就是 Directorium ad passagium faciendum.，可参考保罗·梅耶(Paul Meyer)撰文，见《传教档案》(*Arch. des miss.*)第二辑第三册(1866)第 315、318—319 页，或《上国务大臣呈文》(*Rapports à M. le ministre*) 巴黎 1871 年刊本第 72—73 页，戈尔迭(Henri Cordier) 撰《鄂多立克传》(*Odoric de Pordenone*)篇首第 105—106 页；科勒(Ch. Kohler)说，见《十字军史汇编》(以下简称《十字军史》)(*Rec. des Hist. des Croisades*)、《阿美尼亚史》(*Hist. arméniens*)第二册篇首第 168 页。1876 年察恩克根据孔斯特曼(Kunstmann)之说，而不知有保罗·梅耶《呈文》，以为英国博物院藏钞本柏朗嘉宾、阿思凌二编后有一埃及志，虽不见范珊·薄韦书，疑是同一使者记录之文(《长老若翰》第二编第 71 页)；察恩克并以为因诺曾爵四世《册籍》登记之西利亚君主异密诸札，疑由阿思凌等从埃及携回。殊不知所谓埃及志，即 1332 年上菲利普六世(Philippe Ⅵ de Valois)之 *Directoire*，次年已由约翰·维奈(Jean du Vignay)译为法文。范珊·薄韦书阿思凌奉使诸章亦经其人翻译，然开始有数语甚异(《传教档案》第二辑第三册第 318 页)："教皇因诺曾爵四世在位之一年，皇帝菲烈德里二世在位之三十三年，即纪元一千二百四十三年，教皇因诺曾爵遣宣教会士阿思凌率领教侣三人……"以下与范珊·薄韦之书同。所不可解者约翰·维奈曾将《史鉴》全编译为法文，核以全文，皆含有阿思凌在 1245 年出发之意，不知何故在此处增此数语，而谓其出发期间是 1243 年。

[2] 察恩克《长老约翰》(萨克逊王立科学研究院《语言历史论著》，莱比锡[Leipzig] 1876 年刊第八册抽印本)第 64 页。

[3] 《本文与译文》，伦敦(Londres)哈克鲁特(Hakluyt)学会特刊本，1903 年刊第 270 页，《大英百科全书》(*Encyclopaedia Britannica*)第十一版圣康坦之洗满(Simon of Saint-Quentin)条。

之），①然亦颇欠缺，不乏错误。②

　　殆因一种运数之奇，吾人所缺之研究，业已有人着手两次，皆无成绩可言。考古研究院在 1863 年曾用博尔丁（Bordin）奖学金征集《史鉴探源》（*Recherches sur les sources du Speculum historiale*）论文；获奖之布大理（E. Boutaric）提出稿本二册，现尚存于考古研究院档案中，从未刊行。③ 今已无刊行之价值，盖一方因其后历史研究之进步，一方因有当时所不能解之错误缺陷龃龉。布大理研究洗满 • 圣康坦之文在原稿第二册第 311—319 页。布大理以为洗满 • 圣康坦遗有卷帙甚巨，盖范珊 • 薄韦名此编曰 79
"书"（liber），而名柏朗嘉宾之文曰"小册子"（libellus），④原书标题似无定称；他在第 312 页疑"达达事"（Gesta Tartarorum）非书题，盖洗满之旨趣"要在述其行程，而视史事应为附带之文"。然范珊 • 薄韦实未明用"达达事"作书题；他在第 32 卷第 2 章中仅言教侣洗满 • 圣康坦"所得达达事"，经彼采入其书之前此诸篇；在同一章末

----

①　*Niebezpieczeństwo* 第 62 页，录毕斯雷撰《大英百科全书》圣康坦之洗满条。

②　当吉尼奥特（Guigniaut）同维利（Wailly）于 1855 年在《郭卢与法兰西历史汇编》（以下简称《郭卢历史汇编》）《法兰西历史汇编》《历史汇编》（*Rec. des hist. des Gaules et de la France*）第二十一册中刊布《史鉴》节文之时，曾特别声明（第 71 页），凡关于遣使赴蒙古事者皆未采录，盖此类记录应编入十字军史。然《十字军史汇编》编纂事已停止，未将此类记录采入。

③　并参看《考古研究院报告》1863 年刊第 157—158 页。

④　范珊 • 薄韦在第 32 卷第 2 章名柏朗嘉宾书曰"历史小册子"；又在同卷第 25 章名同书曰"小册子"，并在同章名洗满 • 圣康坦书曰"书"。我以为此种判别不足注意。柏朗嘉宾书在《圣庞塔来翁年记》（*Annales Saint-Pantaleon*）中固亦名小册子（戈鲁波维次第一册第 214 页），然卷帙甚富，萨临边名之曰"巨编"（magnus liber），实不为过（参看大维札书第 598 页）。范珊 • 薄韦采之于洗满书者必定较多，盖其人亦是多明我会士而柏朗嘉宾则隶方济各会也；此外范珊 • 薄韦或者先识洗满 • 圣康坦书。弗雷德里克 • 维斯孔蒂之说教词中所言之本如为洗满之作，则亦称此本为小册子矣。

且谓摘录柏朗嘉宾之文以作结论,补充教侣洗满史文之所未及。案其书第 31 卷有四章(第 95—98 章)言谷儿只、阿美尼亚事,而在此四章之第 1 章末后题"本《达达史》"(Ex *historia Tartarorum*),此语应并适用于后三章。观后此之说明,阿思凌之行程,至少在去时经行阿美尼亚、谷儿只两地,则此四章采自洗满·圣康坦书,无可疑也;范珊·薄韦在第 32 卷所言前此诸篇,此四章应在其列。余意以为洗满原书或名《达达史》,总之其中确言历史问题。[①] 布大理本人且以此类采自"达达史"之篇章,显属洗满。此外他又微反前说,假拟(第 319 页)洗满之书与柏朗嘉宾书同,皆分两编,前编记行程(《史鉴》第 32 卷第 40—52 章),[②]后篇(甲)记达达风俗(第 30 卷第 71、72、73、75、76、77、78、79、85、86、87 章;第 32 卷第 34 章),(乙)分年记事(第 30 卷第 69 章;第 31 卷第 95、97、98、139、140、147、148、149、150、151 章;第 32 卷第 26、27、28、29、32 章)。对于此种章目,尚须不少详细说明,[③]然可确定者,洗满一面记其行程,一面记达达之风俗历史,尤注重于其侵略;布大理之区别似近真相。总之,布大理对于《史鉴》诸章出于一源者与并出数源而以属洗满·圣康坦者,不为判别,如下列诸章,并不独出洗满手笔。

---

① 范珊·薄韦书第 32 卷第 52 章末,有"此言达达事及行程……"等语。足证第 32 卷第 2 章之"达达事"非原书标题。

② 布大理所据者是 1624 年杜埃城拉丁文三十一卷本;戈尔迭《中国书录》第二版第 1960 行所录安托尼·韦拉尔(Anthoine Verard)1495 至 1496 年刊法文本,亦为三十一卷。然我据以编次者,乃三十二卷本。

③ 例如在所列第 30 卷诸章中,遗第 70 章,质之,记述列边阿答之一章,此章应属洗满·圣康坦,而布大理已在他处有是言也。他在别段认属洗满·圣康坦者,尚有第 30 卷之第 88 同第 89 章,又第 31 卷之第 96 章,同第 141—146 章,此处皆漏列;反之第 31 卷第 148 章,与东方无涉,并与洗满毫无关系,乃见列举于此。

第 30 卷第 69—73、75—79、85—89 章。

第 31 卷第 95—98、139—147、149—151 章。

第 32 卷第 26—29、32、34、40—52 章。[①]

范珊·薄韦书后又在第二次提出考古研究院。木理涅遗有未 81
完稿一部,题曰《范珊·薄韦史鉴末三卷之研究》(*Étude sur les trois derniers livres du Miroir Historial de Vincent de Beauvais*)曾获博尔丁特别奖。[②] 保罗·梅耶拟将是编刊入《略志与摘抄》(*Notices et Extraits*)之中,曾求贝蒙特(Ch. Bémont)君代为整理,贝蒙特辞以未能,将此稿交与科勒,其人未着手遽殁。我承贝蒙特君好意,获知此稿现存考古研究院档案中。木理涅稿与布大理稿情形相同,今日皆无刊行之可能;必须将其稿完全改订,惟木理涅对于采诸洗满·圣康坦或柏朗嘉宾诸章,以及其他涉及蒙古问题等章,所得之结论有节录之价值也。

第 30 卷[③]第 69 章。——第 69 章同以下诸章涉及“达达”问题者,应皆采之于洗满·圣康坦“达达史”(或“达达事”),吾人今敢断言法国同罗马皆未藏有其本(写本)。

第 70 章。关于 Rabbanta 者(注云宁取 Rabban-Ira 写法)。[④]应属洗满。

---

① 布大理希望有一校刊本,而结论以为洗满·圣康坦之书,“与柏朗嘉宾书并足广异闻,惟在历史方面,洗满·圣康坦书材料丰富,较为重要”。布大理既作是语,似仅从范珊·薄韦节录之文而识柏朗嘉宾书。

② 参看《考古研究院报告》1905 年刊,是年 7 月 7 日会议记录第 382 页。

③ 木理涅所据者亦是三十一卷本;我在此处亦是根据三十二卷本编订篇章次第。

④ Rabban-Ira 应是 Rabban-Ara 之误。木理涅曾在拉斯图尔君同我之前考订此名即是范珊·薄韦书之列边阿答同因诺曾爵四世《册籍》之 Raban-Ara。然误以《册籍》之名称为是。

第 71 章。除一语采自柏朗嘉宾外,余文皆属洗满。

第 72 章。本柏朗嘉宾。

第 73 章。章首本柏朗嘉宾,后本洗满。

第 74 章。除一段本柏朗嘉宾外,余属洗满。

第 75 章。疑属洗满。

第 76 章。全章之文必属洗满。有时与柏朗嘉宾之文抵触。

第 77 章。除一段本柏朗嘉宾外,余属洗满。

第 78 章。除数语外,余文应属洗满;其中明白著录有多明我会士。

第 79 章。全章必属洗满。

第 80 章。本柏朗嘉宾。

第 81 章。全章应属洗满。

第 82 章。章首本柏朗嘉宾。章末必属洗满。

第 83 章。一部分属柏朗嘉宾,一部分属洗满。

第 84 章。除末一语采自柏朗嘉宾外,余属洗满。

第 85 章。大部分属洗满,章末自 Et viri quidem eorum(他们的人)以下除插入二语外,皆属柏朗嘉宾。

第 86 章。第一节属柏朗嘉宾,第二与第三节必属洗满。

第 87 章。全章应属洗满。

第 88 章。全章应属洗满。

第 89 章。第一节应属洗满。第二节引有《经院哲学史》(*Historia Scolastica*)(1408 年米涅[Migne]撰),应出范珊·薄韦手,关于其后所志大亚历山大故事,可参看保罗·梅耶《大亚历山大传》(*Alexandre le Grand*)第 386—389 页。

第 31 卷第 95 章。"本《达达史》"。则属洗满。

第 96—98 章。亦并属洗满。

第 139—147 章。皆属洗满。威廉·南吉斯（Guillaume de Nangis）曾利用第 146 同第 147 章之文。

第 149 章。"本《法兰西史》"（Ex *historia Francorum*）。此标题应误。巴黎国民图书馆藏，编 11728 号，拉丁文写本确作"本《达达史》"则确属洗满矣；然章末之文属柏朗嘉宾。威廉·南吉斯曾节录章首之文。[①]

第 150 同第 151 章。并属洗满。

第 32 卷第 2 章。谓所言达达事，乃采自洗满·圣康坦与柏朗嘉宾两编。

第 3—25 章。并属柏朗嘉宾。

第 26—29 章。并属洗满。

第 30 同第 31 章。并属柏朗嘉宾。

第 32 章。属洗满。

第 33 章。属柏朗嘉宾。

第 34 章。属洗满。

第 35—39 章。并属柏朗嘉宾。

第 40—52 章。并属洗满。

第 89 章及以下诸章。范珊·薄韦或者已识安德·龙如美。总之已抄录有奥登·沙多鲁信札之一部。

第 94 章。章末之细节，应取材于圣类思致王后不朗失（Blanche）言安德·龙如美奉使之信札，章首应亦然也。威廉·南吉斯又全从范珊·薄韦书抄出。比较《史鉴》原文"安德偕二国王

[①]　我所见国民图书馆藏编第 4898 同 4900 号之拉丁文写本，并作"本《达达史》"。

官员",同抄文"偕二同派教侣,二俗人及二官员",章末原文脱数字,疑刊落也。① 总之威廉·南吉斯对于此章曾直接引用《史鉴》。

第 95 章。取之于奥登·沙多鲁信札。

第 96 章。大部分取材于同一信札。威廉·南吉斯书并未大改其文。

84　　右录木理涅之说,《史鉴》中凡可能属于洗满·圣康坦者,尽于此矣。然其赋予有时且过于宽大。例如木理涅以为第 30 卷之第 81 章全属洗满;其实中有三分之一应属柏朗嘉宾,其文见大维札本第 720 至 721 页同 730 至 731 页。② 木理涅之研究,虽有若干细节不无可议,要为他以前任何人所未能为之一种谨严研究。赖有是编,洗满·圣康坦残文之未来刊行人取材不难矣。甚愿不久有一校勘本出版。

范珊·薄韦是多明我会士,殁于 1264 年左右,其《史鉴》应在 1253 年成书。③ 他本人曾亲收到洗满·圣康坦之《达达史》。洗满亦属多明我会,并为阿思凌同行伴侣之一人,所记者盖为奉使之经历所见诸民族与蒙古之风俗。则似范珊·薄韦对于此次使节之

---

① 吾人不应忘者,木理涅书是未完稿,当时若能刊行,付印前必能证明其说之不误。我所见国民图书馆藏编第 4898 同 4900 号之拉丁文写本,以及《史鉴》1483 年纽伦堡(Nuremberg)刊本,皆证明木理涅君所用之本夺文甚多。

② 毕斯雷君始在《本文与译文》第 269 同 270 页,后在《大英百科全书》第十一版圣康坦之洗满条,以为范珊·薄韦采摭洗满之文,仅有第 31 卷之第 3、4、7、8、13、32 章;乌明斯基君第 62 页录其文,未置一词。我不知缘何发生此种误解,所列诸章,与洗满同东方者无关系,而此第 31 卷之其他诸章,尚有全属或一部分属洗满者,反未列举。

③ 范珊·薄韦在第 32 卷末第 105 章,曾谓其在 1244 年执笔,然其后应在继续编纂,如诸章所采柏朗嘉宾书(1247 年秒),洗满·圣康坦书(1248 年),奥登·沙多鲁信札(此札不得在 1250 年前寄达欧洲),可以证已;又如第 32 卷第 103 章,且言及因诸曾爵四世在位第十年事(1252 年 6 月 25 日至 1253 年 6 月 24 日)。

组合,其出发与归来之时期,以及其行程,应有详细之报道。孰知范珊编辑粗疏,不尽可靠。散见各章之资料有时颇难调整,且难于融合。对于此种不明之点,固难讳言,兹拟据其所录之文,试为探讨之。

※

范珊·薄韦在其书第 32 卷第 1 章,言菲烈德里二世之受遣,同 1245 年奥登·沙多鲁在法国宣传十字军事,接述之第二章题曰"宣教会士同方济各会士之初次往使达达"。[①] 兹将其中讨论必须之文全录于下:

> 这时,那位教皇还派遣宣教会士阿思凌偕同另外三位与自己不同教派的教侣做伴,携带教会信札前往达达人军营,信札中劝谕达达人停止杀戮,接受正教。[②]我由一宣教会士,即洗满·圣康坦(Symone de Sancto Quintino)处,在他出使返回之后,得知达达地方的事……因为当时有某方济各会士,即约翰·柏朗嘉宾,偕数人被遣使达达人处,如他本人证实,他在达达人处逗留逾一年零四个月,他在他们中间来往,曾奉教皇命,与这一磨难的分担者及同志、同会教侣波兰籍之本笃仔细调查了达达人处的一切情况。这位约翰把他在达达人处亲眼见到的情况和从当时被囚在达达人处的可信赖的基督徒那

---

① 由是可见范珊·薄韦视此 1245 年之遣使为初次派往达达之使者,是亦我前此所持之说。

② 此类信札应是 1245 年 3 月 5 日劝蒙古君主领洗之信札,同 1245 年 3 月 13 日劝其勿再残破屠杀之信札,阿思凌奉使时,既携此二信札,柏朗嘉宾应亦同然。

里打听到的情况,写成一本历史小册子,该小册子一直传至今日……

　　我将此章涉及阿思凌奉使事之文,与涉及柏朗嘉宾之文同时录出者,盖欲首先证明,根据范珊·薄韦说,此两起使节乃是同时遣派。范珊先言阿思凌,后言柏朗嘉宾者,决非因阿思凌首途在前,第若谓此多明我会士出发之时,距方济各会使者之后甚久,亦非真相。要可证明范珊记录柏朗嘉宾奉使事既颇松懈,且不明了也。范珊应已见柏朗嘉宾行记,至少已见初稿,而谓其"借数人"出发,并奉教皇命"与同会教侣波兰籍之本笃",往蒙古视察一切。考柏朗嘉宾记录,固谓同伴中有本笃·波兰在内(大维札书第605页),然据本笃·波兰本人略记,又知柏朗嘉宾自里庸出发时,与德望·博海迷同行;则"借数人"一语不应有之。此外范珊·薄韦之文,含有因诺曾爵四世指令本笃·波兰随同柏朗嘉宾奉使之意。大维札书第478页亦云:"德望·博海迷、本笃·波兰奉派随行";毕斯雷君(《本文与译文》第270页)从之,然此说误也。[①]本笃·波兰自云柏朗嘉宾在不勒思老城延之为旅伴,并任译人;然未言有教

---

　　① 大维札书注引瓦丁《方济各会撰作家传》(*Script. ord. minor.*)第221页:"因诺曾爵四世于1244年里庸宗教大会开会时,命本笃·波兰、德望·博海迷同使达达"等语。然改1244年为1245年,并纠正(第464页)柏朗嘉宾出发时在宗教大会开会之前,然尚有一第三误,未经改正。柏朗嘉宾同本笃·波兰皆未言有德望·博海迷。惟本笃·波兰谓柏朗嘉宾借同别一方济各会士自里庸出发,后谓此会士患病,留在蒙古辖境之第一站,质言之,留在的涅培儿河上之卡诺夫(参看大维札书第482—483、737、774—775页;然本笃之说未能与柏朗嘉宾之说相合,前已言之)。案《二十四会长记事》(*Chronique des 24 généraux*)谓柏朗嘉宾旅伴名德望·博海迷,当然令人思及其人或是本笃·波兰所言之别一会士;然此外未见何书著录(参看戈鲁波维次书第一册第213页),瓦丁所本之源,殆可确定为《二十四会长记事》也。

皇之明令也。① 范珊·薄韦书既有此类错误，可以帮助吾人解除阿思凌使节组合方向之难题。

首先提出的问题，即是阿思凌名称与其国籍的问题。世人常名之曰 Ascelin。然曾为其人立有小传之多努（Daunou），则名之曰 Anselin 或 Ascelin；② 别又有人名之曰 Anselme；且有名之曰 Nicolas Ascelin 者。末一名称首应屏除，伯尔日隆《行记汇编》1729 至 1735 年间之荷兰重刊人，曾在 Ascelin 名前无故加一 N.字，其后不久法布里齐乌斯（Fabricius）又武断地将此字衍为 Nicolas（并误以之为方济各会士）；③ 此种写法毫无根据，不意在路 88 易斯·布勒伊埃（Louis Bréhier）笔端之下④ 尚沿用之。

Anselme 写法之流行，盖因其为范珊·薄韦书最后而最流行的 1624 年杜埃城版本所著录，并经同时的布佐夫斯基（Bzowski）《教会年记》（*Annal. Ecclesiast.*）第 13 卷第 542 至 543 页，1675 年的丰塔纳《多明我会文献》第 52 页，1677 的阿尔塔穆拉（Altamura）《多明我会丛书》（*Bibliotheca Dominicana*）第 11 页

---

① 本笃·波兰记载甚明（大维札书第 774 页），未言本人经教皇指派。范珊·薄韦书涉及本笃·波兰之文，盖为对于柏朗嘉宾记录（大维札书第 605 页）之误解。但是旧误往往延存甚久。柏林《东方语言学会报告》（*Mitteil d. Seminars für Orient. Sprachen*）第 26 同 27 卷（1924）第一分第 28 页，克劳泽（Krause）君尚以柏朗嘉宾在里庸宗教大会时出发，同行者有罗朗·葡萄牙、德望·博海迷、本笃·波兰；其实应改"开会时"为"开会前"，删罗朗·葡萄牙、本笃·波兰二名。

② 《法国文学史》（*Hist. litt. de la France 18*）第 18 卷（1835）第 400—403 页。

③ 参看法布里齐乌斯《拉丁丛书》（*Bibl. latina*）1734 至 1746 年刊本第一册第 377 页；1754 年刊本第四册第 120 页；大维札书第 441—442、465 页（此处 1727 年乃是 1729 年之误）。

④ 布勒伊埃《中世纪之教会与东方》（*L'Église et l'Orient au Moyen Age*）第三版（1911）第 220 页。此 Nicolas Ascelin 名称并经安德烈-玛利《远东之多明我会传教事业》第一册第 13 页采用。

等编所采用。已而由丰塔纳书转入多桑《蒙古史》,复转入霍渥斯
《蒙古史》[①]。马尔文达在 1627 年言有"教侣 Anzelinus 或
Anselmus"。[②] 1743 年屠隆撰阿思凌传,开始云:"Ascelin 有时名
称 Anselme。"[③] 又有 Anzelin 写法,经旧本《多明我会年记》在
1689 年采用,[④]而客提夫同耶沙尔在 1719 至 1721 年间所采用的
名称则为 Anselinus。[⑤] 1741 年,莫斯海姆踌躇于 Anselinus 同
Ascelinus 两种写法之间。[⑥] 今日诸考据家泰半对 Ascelin 同

---

① 多桑《蒙古史》第二册第 208 页;布莱慈奈德《中世纪寻究》第一册第 166、171
页;霍渥斯《蒙古史》第一册第 168 页。

② 《宣教会年记 · 第一区》(*Annalium Sacri Ord. Praed. Centuria Prima*)
1627 年那不勒斯(Naples)刊本第 670 页。

③ 《名人传》第一册第 145 页。

④ 兹欲免除他人误解,而使我消耗时间,特在此处对于旧本《多明我会年记》略为
说明。此本与 1860 年以来每年在巴黎普西耶勒格(Poussielgue)书店刊行的《多明我会
年记》毫无关系。并与 1700 年出版迄于今日,而近在 1912 年以来由格勒诺布尔
(Grenoble)城爱德华 · 瓦利埃(Edouard Vallier)书店刊行的《多明我会年记》亦无关
系。有一种大本《多明我会年记》,自 1883 年以来在里庸热完(X. Jevain)书店出版,每
月二册;谢瓦利埃《索引》中所有引证皆出是编。惟此 1883 年以来刊行的《年记》,并为
苏埃热(Th. Souèges)神甫自 1678 年以来在亚眠(Amiens)城刊行的《多明我会年记》之
别编。苏埃热神甫最后刊本是 1696 年 8 月本。后有人利用其所遗之资料,于 1710 年
始继续纂集,而成全书(客提夫同耶沙尔书第二册第 748 页)。此 17 世纪末年的《多明
我会年记》,乃一诚笃而重要之佳作;莱奥波德 · 德利尔(Léopold Delisle)曾参考之;不
幸其本甚稀,巴黎国民图书馆所藏本,乃巴黎雅各宾派(Jacobins)旧修道院旧藏本,今
阙二册;诸册各编号数,然自 H4398 号起,号数相连。我所称之"旧本《多明我会年
记》",即指 17 世纪末年之原刻本,所称之"新本《多明我会年记》",乃指 19 世纪末年之
改订本。苏埃热神甫手撰 Anzelin 及其同伴专条,见旧本《多明我会年记》6 月 27 日下
(6 月,第一册,1689 年,第 996—1007 页,国民图书馆藏编 H4404 号),此条谓教皇付与
阿思凌之信札,时在 1245 年 3 月 3 日;此"3 日"应为 5 日或 13 日之误;新本《多明我会
年记》(6 月,第二编,1893 年,第 575—580 页)从之,惟写人名作 Ascelin。

⑤ 《宣教会撰作家传》(以下简称《撰作家传》)(*Scriptores Ord. Praedicat*)第一
册第 122 页。大维札书第 465 页以此本写作 Ascelin,误也。

⑥ 《教会达达史》第 44 页。

Anselme 两种写法不予选择,两名并著。[①]

　　然而我以为 Anselme 的写法,无保留之价值。在范珊·薄韦书 1624 年杜埃刊本以前,固偶见著录,然使此种写法获有一种典据者,要为此最流行的版本之功。顾杜埃城刊本仅有三十一卷(应有三十二卷)错误颇多;其写 Rabbanata 作 Rabbanta 者即此版本。然范珊·薄韦书旧刻诸本皆作"fratrem Ascelinum"(第 32 卷第 2 章);此亦我所见编 4898 同 4900 号的两部拉丁文本之写法;约翰·维奈译范珊·薄韦书关于柏朗嘉宾、洗满·圣康坦诸章,在 14 世纪上半叶中已写作 Ascelin,而在《史鉴》全本译文 1531 年巴黎刊本中则作 Assellin。1574 年剌木学本之重刊人,1585 年之赖内克,1598 年之哈克鲁特,皆在其所据之范珊·薄韦书中见有 Ascelinus 写法,于第 32 卷第 2 章,以及其他著录此名之其他诸章,写法不同。我以为此是范珊·薄韦之原来写法,毫无可疑,然不能谓其确实不误。范珊得将一种 Anselinus 名称误作 Ascelinus,况且在书写未善的诸本中,Anselinus 同 Anselmus 可以相混也。由是观之,吾人尚须考证除范珊·薄韦书外,其他古籍之写法如何,并考证阿思凌之国籍,或者可能为采用何种写法之征候。　　90

　　此类古籍中较重要者,是《新教会史》(*Historia Ecclesiastica nova*),昔以多廉·鲁基斯名称而显于世的多廉·费亚杜尼(Ptolémée Fiadoni)(1236—1327)之撰作也。据安布罗西乌斯(Ambrosianus)钞本,谓 1245 时(Patav. 钞本作 1246 年),"如范珊

---

　　①　伯尔日隆《达达志》第 40 页;大维札书第 464 页;察恩克《长老若翰》第二编第 68 页;毕斯雷《本文与译文》第 269 页;《近代地理之开端》第二册第 277 页;《大英百科全书》第十一版圣康坦之洗满条;戈尔迭《中国书录》二版第 1960 行;戈鲁波维次书第二册第 303 页。

所写"(ut Vincentius scribit)，法兰西国王于感应后始发起十字军；由是观之，多廉·鲁基斯确曾利用范珊·薄韦书矣。1246 年下，记致书于日耳曼诸侯王选举皇帝事；后接述①教皇因诺曾爵遣派宣教会士与多明我会士往使达达；其长二人，宣教会士是 Azelinus(Patav. 钞本作 Anselmus)②Lombardus；多明我会士是 Johannes de Plano。我以为此文应本范珊·薄韦书第 32 卷第 2 章；至误以遣使事在 1246 年者，盖因范珊·薄韦书对于遣使事未明言在 1245 年，惟在前章记 1245 年里庸宗教大会废黜皇帝事后，续述之耳；因有 hoc etiam tempore(这时)语，曾使约翰·维奈加一冒头，而定使者出发之时在 1243 年。多廉·鲁基斯固取材于范珊·薄韦书，然曾加增一种不见于范珊·薄韦书任何之重要记录，质言之，谓 Azelinus 为隆巴儿底(Lombard)地方之人也；设若不误，则必在他书得识此人之名。

多廉·鲁基斯书之原文应是 Azelinus。盖殁于 1344 年之包灵·维尼思在其《大事记》(Chronologia Magna)中记有云："1256 年因诺曾爵四世遣方济各会士与宣教会士往使达达；方济各会士中以 Johannes de plano Carpini 为之长，宣教会士中以 Ezelinus Lombardus 为之。"③1256 年(又从 1246 年转讹而出)的错误年代，同 Ezelinus Lombardus 的人名籍贯，似本于多廉·鲁基斯书，则

---

①　穆拉托里《撰作家传》第十一册第 1143 行。

②　穆拉托里本证明安布罗西斯钞本较 Patav. 钞本为优。前一钞本谓法国发动十字军事在 1245 年，确实不误。至诺 Anselmus，我以为必是 Anselmus 之讹写无疑。客提夫同耶沙尔(《撰作家传》第一册第 122 页)已识多廉·鲁基斯书此段之文，而著录其时在 1245 年，然其所见本应是与 Patav. 钞本相近之本，盖其写人名作 Anselmus 也。

③　参看戈鲁波维书第二册第 87 页。

包灵所见之多廉·鲁基斯书写本著录的人名是 Azelinus 或
Ezelinus，而非 Anselinus，更非 Anselmus 矣。[①]

　　其他古籍言及阿思凌者，尚可引证《波兰圣教会年记》
(*Annales Sanctae Crucis Polonici*)[②]中有云："时遣使 Hanselmum（又 92
作 Mascellinum、Hascellum、Hastelinum 等写法）会同宣教会士二
人往使达达皇帝贵由汗（Kaynt Cham，又作 Kayfath Cham、
Kaydan Cham）所。"[③]此处虽言阿思凌有伴侣二人，而非范珊·薄
韦书之三人，然我不信其别有出处。

　　约翰·科隆纳之《史海》并非一种创作。[④] 其中与吾人研究有
关系之文，亦本范珊·薄韦书，然在标题或本文中，皆谓教皇遣
"fratrem Anselinum（亦作 Ancelinum）"往使达达所。[⑤]

　　16 世纪时圣安托南记遣使达达事亦是引证他书之文，谓奉使
者名称 Anselmus，而他人名之曰 Ansetlinus。[⑥]

　　如前所引诸说，惟一不本范珊·薄韦书之消息，则谓阿思凌是

---

　　① 16 世纪时，保罗·潘萨在《因诺曾爵四世传》，那不勒斯 1598 年刊本第 44 页
所采用的 Ezzelino 写法，似本于多廉·鲁基斯书或包灵·维尼思书（参看大维札书第
465 页）。屈尔布(Külb)之 Ezzelino 应是取之于潘萨书者（见所撰《十三四世纪遣使蒙
古记》[*Geschichte der Missionsreisen nach der Mongolei während des 13 und 14
Jahrhunderts*]，1860 年雷根斯堡[Regensburg]刊本第一册第 129 页）。

　　② 《日耳曼历史资料》，SS.，第十九卷第 681 页。此《年记》初撰于 1270 年左右，
后续撰迄于 13 世纪末年。所记 1270 年前事似非创获。

　　③ Hanselmum 乃 Hanselinum 之误，Hastelinum 乃 Hascelinum 之误，Kaynt 乃
Kuyuc 之误（后一名称在《年记》所本之源中，或者已有一部分讹误）。

　　④ 据木理涅《溯源》第 2911 条，此约翰·科隆纳出生于 1294 年，而在 1339—
1340 年间撰此年记。我在后此研究圣类思遣派安德·龙如美出使问题时，将别有说。

　　⑤ 《郭卢历史汇编》第二十三册(1876)第 114 页。

　　⑥ 见所撰《记事》第三编，里庸 1587 年刊本第 123—126 页。此 Ansetlinus 应从
Ansellinus 转误而来。

隆巴儿底地方人。范珊名奉使者曰 Ascelinus，而别一出处则写其名作 Azelinus；至若客提夫同耶沙尔采用之 Anselinus，讹误虽不如 Anselmus 之明确，似亦应在屏除之列。

关于阿思凌之籍贯者，其说不一。布佐夫斯基对于此类遣使达达事，已有不少误会，并视阿思凌与其二旅伴皆为波兰人；丰塔纳从之；然此说毫无根据，业经旧本《多明我会年记》在 1689 年，及客提夫同耶沙尔书在 1719 年辨正其非。[1] 撰此旧本《多明我会年记》之苏埃热殆因洗满·圣康坦原籍或是法国，因是曾以阿思凌与其旅伴二人并是法国人；[2] 他似未注意到多廉·鲁基斯之文曾谓阿思灵为隆巴儿底人也。多廉·鲁基斯本人是意大利人，阿思凌归来时，多廉年逾二十，对于阿思凌籍贯，不应有所误解。则近代诸考据家泰半从客提夫同耶沙尔之说，而名其人曰隆巴儿底的阿思凌（Ascelin de Lombardie），自有其理由也。

此意大利国籍，同时可以阿思凌真正名称之一种痕迹提示吾人，范珊·薄韦名之曰 Ascelinus，而多廉·鲁基斯又名之曰 Azelinus，此名后在包灵·维尼思书中成为 Ezelinus，终在保罗·潘萨书中成为 Ezzelino。其流行法国之名称，要为 Ascelin，洗满·圣康坦与范珊·薄韦皆法国人，当然采之。然我以为多廉·

---

[1] 布佐夫斯基对于此点记录之说，我未能直接检阅。他在《教会年记》（在 1618—1630 年间出版）1245 年下，言及诸使者时，对此毫无说明。1627 年时马尔文达（第 677 页）曾谓布佐夫斯基视阿思凌同其旅伴"三"人，并是波兰人。丰塔纳（《多明我会文献》第 52—53 页）曾转录诸使者名称于布佐夫斯基书，并同时采摭塔埃吉书"堕泪会"之文，其意似以为阿思凌奉使团体由法国人组成，至少有一部分属法国籍也。

[2] 有利于阿思凌籍隶法国之论据，则在有人以为使者皆经法国多明我会教区"堕泪会"之指定。然苏埃热神甫似未采丰塔纳之说，而今莫蒂埃神甫尚沿丰塔纳之误。此二事无相连之关系，前此已言之矣。

鲁基斯著录之名称较近真相，而此奉使者之实在名称应是 Azelino
或 Ezzelino。此二写法极其相近，然将 Ascelin 名称保存亦无妨
碍，盖此名既经范珊·薄韦著录，吾人脱无范珊·薄韦书，对于此
次奉使事将一无所知矣。

※

由是观之，奉使首领阿思凌似为隆巴儿底人。然则其奉使团
中尚有何人？世人尝谓其出发时携教侣安伯尔（Albert，即安伯利
［Albéric］）、阿历山、洗满·圣康坦等三人，在道又有安德·龙如
美、吉沙尔·克雷莫纳二人加入。虽然迄于今日尚有考据家臆测
安德·龙如美加入阿思凌使团之说，[①]列举使团人名的范珊·薄
韦当时并未言有教侣安德也。若谓此书后此记述圣类思在 1248
至 1249 年间停留失普勒岛，命教侣安德往使蒙古人所曾言及安
德·龙如美，而在此处竟无一言及之，未免甚奇。[②] 世人臆测安

---

①　客提夫同耶沙尔书第一册第 122、140—141 页；莫斯海姆《教会达达史》第 45
页；缪萨《交际录》第 27、47 页；多桑《蒙古史》第二册第 231 页；多努《法国文学史》第 18
卷（1835）第 447—448 页；大维札耳第 46 页；屈尔布《使蒙古记》第一册第 130 页；安德
烈—玛利《多明我会传教事业》第一册第 13 页；戈尔迭《真福鄂多立克亚洲行记》（*Les
voyages en Asie…du bienheureux Odoric de Pordenone*）绪言第 16 页；莫蒂埃《宣教会
诸会长传记》第一册第 383 页；罗克希耳《卢布鲁克行记》前第 28 页（其中颇有误解）；毕
斯雷《本文与译文》第 269 页；《近代地理之开端》第二册第 318 页；《大英百科全书》十一
版龙如美之安德条；卜烈本《蒙古史》（*Hist. Mongal*）第 5 页；保卢斯·冯·洛埃（Paulus
v. Loë）新订（宣教会名人传）（*Johannes Meyer Ord. Praed. Liber de viris illustribus
Ordinis Praedicatorum*）来比锡哈尔雷斯苏维茨（Harrassowitz）1918 年刊本第 7 页；
《教会史地词典》第三册（1925）福歇（X. Faucher）撰 Anselme 条。

②　参看第二卷第三章。

95 德·龙如美加入阿思凌使团者,显因其在 1248 年来至失普勒岛之蒙古人代表中,识有一人为彼前在蒙古人所之旧识。因是断言其初识此人之时,即在阿思凌奉使之际,殊未知安德·龙如美于 1247 年春季或夏季,从东方还抵里庸,质言之,适当阿思凌等在拜住营帐冒危难之时。[①] 现在吾人既知安德·龙如美偕同会伴侣一人,于 1246 年抄进至蒙古人统治地域中之毛夕里,帖必力思则其在 1248 年重见之旧识,初识之处应在其地。

关于安伯尔(即安伯利)、阿历山、洗满·圣康坦三人者,吾人仅据范珊·薄韦书获知其事,此外别无事迹可考。三人名称并见第 32 卷第 50 章著录;[②] 范珊·薄韦采录洗满·圣康坦书之文时,别在同卷第 2 章录有洗满之名;又于所录之第 32、34、40 章明言采自教侣洗满原作,观其所志教侣洗满之籍贯 Sanctus-Quintinus,其人似是埃纳(Aisne)州圣康坦(Saint-Quentin)城人,由是为法国籍矣。然对于其他多明我会士二人之国籍,吾人毫无踪迹可寻。布佐夫斯基谓为波兰籍,旧本《多明我会年记》谓为法国籍,皆属无

96 根之说。[③] 吾人对于使团最后加入之一人,所得消息较详,即在梯弗利思(Triphelis、Tifis)加入之吉沙尔·克雷莫纳(Guichardus

---

① 屠隆神甫于 1743 年在《名人传》第一册第 161—163 页曾首见及此。近代撰作家不承认安德·龙如美加入阿思凌使团之列者,据我所知,只有拉斯图尔君(前引书第 1679 行)同乌明斯基君(第 65、118—119 页)。[尚有安大奈书第 129 页亦不采此说]。

② 1483 年纽伦堡本,1494 年维尼思本,写前一人名并作 Albericus,然第 4898 同第 4900 号之拉丁文写本皆作 Albertus;等待详细调查时,我宁取后一写法。客提夫同耶沙尔(第一册第 122 页)据 1624 年杜埃本作 Albericus;旧本《多明我会年记》作 Albert。伯尔日隆(《行记汇编》,1735 年刊本)同缪萨(《交际录》第 27 页)亦作 Albert。

③ 多努《法国文学史》第 18 卷第 400—402 页)过信布佐夫斯基之说,而谓阿历山同安伯利或者皆是波兰人。

Cremonesis)是已。范珊·薄韦所采洗满·圣康坦书记述阿思凌使团留居拜住营帐事有云：教侣吉沙尔赴达达所之前，居梯弗利思七年（第32卷第42章），又云：随行五阅月（第32卷第50章）。吉沙尔既在1247年于梯弗利思加入使团以前，居留此城已有七年，则应在1240年抵此。由是观之，塔马拉蒂（Tamarati）君在1910年考订其人为教皇格烈果儿九世1240年1月13日信札介绍于谷儿只（Géorgie）王后同王子之多明我会士八人中的吉沙尔（Guizardum），确有其理由矣。[1]

　　惟此前主张阿思凌在1245年7月首途者，未见范珊·薄韦书之一段，根据此文，颇难承认安伯尔、阿历山、洗满·圣康坦曾经因诺曾爵四世指派，而随同其首领同在里庸出发；若从余说，将阿思凌使团出发之时定在1245年3月，困难尤大。此段记录（第32卷 ⁹⁷第50章）谓阿思凌在途三年又七个月，阿历山、安伯利（亦作安伯尔）在途不及三年，洗满仅二年又六星期，吉沙尔仅五个月。核以后此之考证，此五教士于1247年5月24日至7月25日间，皆在拜住营帐，除吉沙尔归还梯弗利思外，余人最少应同还至于当时拉丁人尚在占领的西利亚区域之中。姑假定彼等从拜住帐直抵阿迦，凡经五十九站（我对此后别有说），其分别时不能定于1247年

────────

[1]　米歇尔·塔马拉蒂（Michel Tamarati）《从古至今之谷儿只教会（L'église géorgienne des Origines jusqu'à nos jours》，罗马1910年刊本第430页；奥弗雷辑《格烈果儿九世册籍》第5022号；乌明斯基文，第64—65页。前引约翰·梅耶（Jean Meyer，1422—1485）《宣教会名人传》（保卢斯·冯·洛埃重订本第18同34页）著录有Gigardus同Jacobus二人名，谓曾见克烈门四世（在位时始1265年至1268年）教敕。则教皇在1240年介绍于谷儿只王后与国王之多明我会士八人中，除Guizardum外，尚有一Jacobum矣。如所言者确为是人，则其居留东方之时间，至少在二十五年以上。我在第二卷第三章中对此别有说。

9月杪之前也；此与出发（于1247年7月而在外有两年六星期之洗满·圣康坦情形恰合；第若我前此主张阿思凌在1245年3月发足一说不误，则此已有困难的答解，势须成为不可能的答解矣。①加之范珊·薄韦所记阿思凌之行期同各教士随使之年月，只能采之于洗满·圣康坦书，而洗满·圣康坦记录如是明确者，势须与阿思凌相随同还里庸。然则如何解说阿思凌行期有三年七个月，而其同伴洗满行期仅有两年六星期欤？

　　我以为应作如是答解，阿思凌之旅伴皆未在里庸相随出发。范珊·薄韦书（第32卷第2章）有宣教会士阿思凌有权选择本会修道院中人随同出使等语。"这时，那位教皇还派遣宣教会士阿思凌偕同另外三位与自己不同教派的教侣做伴，携带教会信札前往达达人军营，……"由是阿思凌根据其所受之权限，在本会各修道院中选择教侣三人。然未见有谓在里庸出发前选择诸人之记录也。前此业已说明《庞塔莱翁年记》（*Annales S. Pantaleonis*）同范珊·薄韦书似谓柏朗嘉宾之同伴本笃·波兰奉教皇命随赴蒙古，然在事实上本笃仅在不勒思老加入使团。盖记录其事者以为首领既奉使，余人应亦然。至在阿思凌奉使之场合中，范珊·薄韦于第二章所列举阿思凌诸同伴内，独将吉沙尔·克雷莫纳除外者，似以其人既在蒙古人统治之地加入，而事后径返其地，故屏之于使团余人之外。范珊·薄韦书第二章之文虽不明了，我以为在一定限度中可以补助我的见解。阿思凌之奉命，固在里庸，而选择其伴侣则在沿途各地所停歇之各修道院中。只有此种答解始能解释各

---

　　① 旧本《多明我会年记》第996—1007页主张行人分途而还。

教侣随使之时间。选择之地，吾人当然不明。惟可推测者，阿历山、安伯尔二人随使时不及三年，选择之所或在同一地方，纵在两地，恐相距亦不甚远。如在里庸与登舟海港间之欧洲修道院加入，吾人可以断言阿思凌从拜住所西还时，此二人离别之处，或在孔士坦丁堡境内，或在巴勒斯坦抑西利亚海边。若此二人随同阿思凌还至里庸，则选择其人之所，应在东方多明我会诸修道院中。无论如何，此种答解似适应于洗满·圣康坦，盖其人应随阿思凌至于最后一日，惟仅相随有两年六星期耳。[①]

※

阿思凌使团之组合，既然不免于辩难，其往来行程之决定，复引起更较严重之难题，只能用假定方法解决。我的最坚固的结论，或亦难脱否定之范围，盖其仅仅表示以前提出之假说未能同意而已。

问题难点在此。阿思凌既在 1245 年出发，——有人以为在是年七月，我以为在是年三月，——缘何行逾两年，晚在 1247 年 5 月）始抵阿剌思（Araxe）河北外高加索东部拜住营帐。　100

有若干撰作家不问此种疑难，仅随客提夫同耶沙尔（第一册第121 页）之后，而谓阿思凌使团在阿迦登陆，历阿美尼亚、谷儿只、梯弗利思等地抵于波斯，此多努、莫蒂埃、戈鲁波维次诸氏主张之说也。[②] 屈尔布（第一册第 130 页）则谓使者经行西利亚、美索波塔

① 安大奈书第 80 页结论相同。

② 多努《法国文学史》第 18 卷第 400—403 页；莫蒂埃《宣教会诸会长传记》第一册第 383 页；戈鲁波维次书第二册第 333 页。

米亚、波斯而抵花剌子模(Kharezm),此说与记录原文不符。[①]

然在客提夫同耶沙尔之前二十余年时,克洛德·弗勒里(Claude Fleury)曾在其《教会史》(*Histoire ecclésiastique*)中[②]发表一种臆说,不乏赞成之人。如屠隆、孔斯特曼、察恩克与新本《多明我会年记》是已。[③]根据此说,因诺曾爵四世遣派往使蒙古之阿思凌等,曾先至埃及谒见算端撒里黑(Melicsaleh=Sālih Ayyūb):
101 将教皇劝彼皈依基督教并请其护送使者赴蒙古人所之信札递呈。算端命其重臣撒勒真(Salehin)作答;意谓使者只能用拉丁语同法兰西语辩论,未能与彼等做神学讨论。其后使者似传教埃及算端统治之巴勒斯坦、西利亚等地甚久。屠隆且信彼等希望亦思马因(Ismael)王入教,于归途曾重莅其国;惟亦思马因虽善待之,然未领洗。

此类假说有两种错误根据,一方假拟满速儿(即弗勒里之撒勒真)信札作于埃及,一方以为西利亚诸君主异密之信札,并包括有巴阿勒伯克王亦思马因信札在内,皆曾交与阿思凌携回。然前此已言满速儿是弘斯王,而身在西利亚,又一方面教廷《册籍》所录西利亚诸君主异密信札之年月,不容使人承认曾由阿思凌使团携归。总而言之,教皇派往蒙古人所之使者,先往埃及,未免使人诧异也。

客提夫同耶沙尔假拟阿思凌在圣让答克登陆一说,亦无价值,

---

① 范珊·薄韦原文表示使团去时经过梯弗利思。又一方面拜住营帐不在花剌子模,而在外高加索东部。其他在当时固视为波斯属境,然而使团仅至其西北角。屠隆(第一册第147页)谓阿思凌等经行波斯境地一大部分,误也。

② 1722年巴黎刊本第十七编第394—396页。

③ 屠隆书第一册第147—148页;孔斯特曼《十四世纪派往非洲之使者》(*Die Missionare in Afrika im 14 Jahrhunderte*)(见《历史政治报》(*Hist.-polit. Blatter*)第39卷,1857年刊第一册第489页);察恩克书第二册第71页;新本《多明我会年记》六月第二编第575页。

其根据显因范珊·薄韦书（第32卷第50章）未有至波斯语。然据我后此之说明，此处所言者盖为阿迦至拜住营帐而经行安都、阿勒波、毛夕里等地之直接通道。其说当然不能适用于去时，盖去时曾经梯弗利思也。阿思凌固能在圣让答克登陆，是为当时"航海时期"从欧洲抵此常循之路途，然吾人一无所知也。

阿思凌使团似与教侣安德等之情形相类，欲经伊斯兰教诸国而赴蒙古占领区域，流离巴勒斯坦、西利亚甚久。有机会时，应如柏朗嘉宾、安德等之所为，谋使异派教团合并，盖吾人不应忘者，是亦因诺曾爵四世指派各种使团目的之一。然阿思凌对于此事未留何种痕迹。所谋未遂，乃向北行，或经由大小阿美尼亚，或如后来之卢布鲁克取道孔士坦丁堡。确定的事实，则在其业已经过梯弗利思，盖其新伴侣吉沙尔·克雷莫纳即在此地加入。阿思凌选之同行者，盖因其自1240年倡设梯弗利思多明我会修道院以来在院修道，并从谷儿只人处获知蒙古人之风习。然不能必其曾在蒙古人处用作译人，如世人有时之推想，[①]盖未闻其通波斯语，后在拜住营帐翻译教皇信札时，从拉丁语转为蒙古语，须经波斯语转译，未用谷儿只语或阿美尼亚语也（第32卷第47章）。自梯弗利思前行以后，似未作过久之停留，盖吉沙尔自此与阿思凌偕行，并与之同留拜住营帐二月，而与诸使者等共处之时合计仅有五月也。

五使者于"真福多明我晋位之日"[②]抵拜住营帐，质言之，5月24日。吾人从拜住致因诺曾爵四世信札（第32卷第51章）获知

---

① 例如毕斯雷《近代地理之开端》第二册第277页。
② 圣多明我在1234年始列圣品。

103　此营帐在"习仙思（Sitiens）①营帐境内"。此习仙思名称不为人识

久矣。② 首先将此名与息西安（Sisian）比附者，似为布莱慈奈德，③

后一名称曾见阿美尼亚国王海屯一世（Hethum Ⅰ）行记著录，此

王于 1254 至 1255 年间往哈剌和林朝见大汗蒙哥归志行程之记述

104　也。④ 证以所记，此王与其随从人员归时经行剌夷（Rhagès）与可

---

① 诸本习用写法皆作 Sitiens；第 4900 号拉丁文写本亦同；第 4898 号拉丁文写本

作 Siciens；无论如何，据后此之说，此名应读若 Sisiens。

② 是以屈尔布（第一册第 130 页）求之于花剌子模，屠隆求之于波斯腹地。1901

年时毕斯雷君（《近代地理之开端》，第二册第 318 页）位之于迦儿思（Kars），盖以 1254

年春海屯一世赴蒙古时曾见拜住住居此城，遂误以此城当习仙思，然迦儿思在梯弗利思

之西南，只此已足证其非是。以后他在《本文与译文》第 270 页，同《大英百科全书》第

十一版（1911）圣康坦之洗满条皆据布莱慈奈德之说，然在同一《百科全书》龙如美之安

德条又将蒙古营帐位在迦儿思附近。

③ 《中世纪寻究》第一册第 171 页。

④ 关于海屯一世与其行程者，可参看戈尔迭《中国书录》第二版第 1998—1999 行

（戈鲁波维次神甫在第 4010—4011 行所列诸条皆属 1289 年即位之海屯二世，与海屯一

世无涉）。海屯《行记》业经其侄祁剌柯思（Kirakos）保存录入其史录中，其后又经展謇

（Čamčian）重录于其晚出的辑录之中。海屯一世《行记》译文已经刊布者列下：（一）阿

古丁斯基（Argutinskiĭ）译文（本祁剌柯思之录文），见《西伯利亚杂志》（Sibirskiĭ Véstnik

de Spasskiĭ）圣彼得堡刊本第十九编，第 93—108 页（《中国书录》第二版未著录）；（二）

克拉卜洛特译文（本展謇之录文），见《亚细亚报》1833 年十月刊第 273—289 页（此文乃

译自 J. 图图洛夫[J. Tutulov]之俄文稿本，参看上文第 48 页；此法文译本又重译为英

文，见 As. J. a. Monthly Reg. 1833 年刊第十卷第 137—143 页）；（三）杜洛里耶译文

（本祁剌柯思之录文），见《亚细亚报》1858 年四五月刊第 463—473 页（《中国书录》第二

版未著录）；（四）佚名氏之译文，见《俄罗斯语言》（Russkoe Slovo）1860 年六月刊，外国

文学篇第 108—124 页（帕忒迦诺夫书第二册第 124—125 页著录）；（五）恩明（N. Emin）

译文，1861 年莫斯科刊本附录第 213—217 页（帕忒迦诺夫书 125 页著录）；（六）伯罗

赛译文（本祁剌柯思之录文），1870 年圣彼得堡刊本第 176—181 页；（七）帕忒迦诺夫译

文（本祁剌柯思之录文）；（八）根据上列第（一）（二）（六）（七）等项译文转译之英文本，

附有重要注释，见布莱慈奈德《中世纪寻究》第一册第 164—172 页。关于国王海屯一

世之行程者，可参考《十字军史》《阿美尼亚文献》（Doc. arméniens）第二册附注，可检是

编索引第 916—917 页；然海屯一世之侄史家海屯谓其诸父朝蒙哥于阿力麻里

（Almaligh）（第 164 页），应误；证以海屯一世行程，朝见蒙哥之地在哈剌和林或其附近。

疾云(Qazwīn)两地而抵帖必力思,自此"行二十六日,渡阿剌思
(Eraskh、Araxe)河后,到达达统帅拜住那延(Baču-nuin)结营之地
息西安"。前此已言安德·龙如美行经阿迦、帖必力思间历四十五
日。范珊·薄韦谓自阿迦达拜住营帐须五十九日;则自帖必力思
达习仙思余十四日(钧案原作"二十四日",疑是校对偶疏)矣。综
考此三行记之说,与拜住营帐在习仙思或息西安之著录,此二地名
同指一地无疑。布莱慈奈德根据帕忒迦诺夫之说,认为息西安位
于谷察(Gokca)湖与阿剌思河之间。①　我不知帕忒迦诺夫位置息
西安于此之说何所本。②　他引巴比尔·梅纳尔德(Barbier de
Meynard)《波斯历史词典》(*Dictionnaire historique de la Perse*)
第 334 页:"Sisebân,埃朗(Errân)地方之城名"一语,似有改
Sīsabān 为 Sīsayān 之意。然《词典》全条之文云:"Siseban。波斯
人名此城曰 Sïsewân。埃朗地方之城名,本地土人告余云,距拜勒
寒(Beïlaqân)四里。"维兹滕费尔德(Wüstenfeld)本雅库特
(Yākūt)《地理词典》(*Dictionnaire geographique*)(第三册第 215
页)写作 Saïsabān 同 Saïsawān;观波斯语 Saïsawān 的写法,即不

105

---

①　参看帕忒迦诺夫《阿美尼亚史家之蒙古史》,1874 年圣彼得堡刊本,第二册第
81、133 页。其后经布莱慈奈德同毕斯雷君之介绍,此种考订又转入乌明斯基君之研究
(第 65 页)中。

②　海屯行记诸译人在帕忒迦诺夫以前曾将息西安加以注释者,只有伯罗赛,据云
阿里桑(Alisan)神甫视其地为昔温尼,"盖波斯人名之曰息西安也"。案昔温尼州是大
阿美尼亚四旧州中之最南一州,位于谷察湖东岸及库儿、阿剌思两河汇流处之三角洲
(参看伯罗赛《昔温尼史》第二部分,绪说,1866 年圣彼得堡刊本第 1 页),则其考订似可
承认(惟须将帕忒迦诺夫与 Saïsabān 比附之说屏除)。然有不可解者,缘何阿美尼亚人
海屯名称昔温尼用波斯语名,而不用阿美尼亚语之 Siunik;此外波斯语名称昔温尼之
Sisan 或 Sisian 等称,乃近代对于 Sisakan 之流俗对音(同书第 4 页);复有不可解者,昔
温尼州名缘何在海屯行记中成为地名,且特指拜住信札中结营之地。

能将 Saīsabān 改作 Sisian。此二名称纵指一地，顾 Saīsabān 与拜勒寒境地相接，不应在阿剌思河同谷察湖间寻求息西安，必须更向东；在业与库儿河汇流的阿剌思河北岸寻之。阿思凌往谒拜住与海屯同，皆在夏初。蒙古军过冬应在木干平原；然过夏或在山中放牧之地。我对于阿美尼亚同外高加索之古代地理不甚了然，未敢确定拜住夏季结营之处。帕忒迦诺夫位之于阿剌思河北者，必因海屯已有明白记录，但须与帖必力思赴西里西亚（Cilicie）或小阿美尼亚之通道甚近。此说容或不误，然海屯还自哈剌和林时，或因奉命，或因有其利益，特绕道往谒拜住，亦意中或有之事；阿思凌曾在习仙思见阿勒波王之舅父，与毛夕里王之弟，亦自哈剌和林还，然其归地非阿美尼亚，而为美索波塔米亚同西利亚，亦不惜绕道往谒拜住也。总之，帕忒迦诺夫对于其地方位或有理由，然息西安不能视同 Saīsabān 也。惟此地尚难确定为何地，吾人所能言者，即此息西安或习仙思，应在阿剌思河北外高加索东部。[①] 我以为似应在哈班德（Haband）区特札格-特佐儿（Tzagé-Tzor）入口处寻之，其地即 1251 年三拔·斡儿帛良（Sembat Orbélian）第一次赴哈剌和林时所见拜住结营之处。此哈班德区地跨昔温尼同阿儿杂克（Artsakh）两州之间，后一地处库儿河、阿剌思河、谷察湖三角地带之西北角；此 1251 年拜住结营之处，或者亦是 1247 同 1254 年夏季结营之习仙思或息西安，并在谷察湖东岸山中云。[②]

106

---

①　卢布鲁克在 1254 年终，见拜住营帐在阿剌思河下流，下距库儿河来汇之处不远（参看罗克希耳《卢布鲁克行记》第 265 页）。

②　关于三拔·斡儿帛良 1251 年之行程者，可参看伯罗赛《谷儿只史》增订篇，1851 年圣彼得堡刊本第 324—325 页；同一撰者《昔温尼史》绪说第 60 页；帕忒迦诺夫《阿美尼亚史家之蒙古史》第一册（1873）第 36 页。（安大奈书第 125 页求习仙思于波斯中部，绝对非是）。

※

因诺曾爵四世信札乃致"达达国王同人民"者；未书王名，盖当时欧洲尚未识其名也。此外或因未能逆料蒙古接待外国使臣之例，教皇使者似未奉亲往谒见其主之命；只将教皇信札交与所见之蒙古统将。[①] 至若柏朗嘉宾与本笃·波兰之渡窝勒伽河东行者，盖因拔都强使之行。[②] 阿思凌等虽经拜住强迫，然曾严拒，不愿往谒大汗，而拜住终不免接阅其信札。[③]

戍守波斯西北之蒙古统将名称，《史鉴》诸写本刊本作"Baiothnoy"或"Baiotnoy"，则此得为范珊·薄韦所识或自以所识洗满·圣康坦记录之写法。然毫无证明范珊·薄韦所得洗满·圣康坦书为亲笔，且处拜住所亘数星期之人，不得谓其不识拜住之名也。因诺曾爵四世《册籍》录有 1248 年 11 月 22 日致拜住（Bayonoy）书；罗马之识拜住名，盖从阿思凌及偕来之拜住使者二

———————

① 参看范珊·薄韦书第 32 卷第 40 章同第 46 章。我既以为柏朗嘉宾、罗朗·葡萄牙、阿思凌等所奉之命皆同，则前在第一卷中所持之说必须多少改正。我并以为阿思凌故意将其使命作狭义之解释。（我在此处与安大奈书第 131 页所持之说全异，其说以为方济各会二使团应往谒见大汗，今明我会二使团只见波斯西北之蒙古戍将）。

② 参看第 8 页注 3。教侣安德所奉使命，我以为与阿思凌同，据玛泰·巴黎书，仅至帖必力思，见蒙古君即还。他未将因诺曾爵四世信札交与蒙古人，今未明其故，拜住同阿思凌皆无一语及之，而经安德携回之信札不少，其中无一蒙古人信札，可以证已。

③ M. 巴托尔德（M. Bartol'd）君《欧俄东方历史研究》（*Istoriya izučeniya Vostoka v Evrope i Rossii*）第二版，列宁格勒（Leningrad）1925 年刊本第 69 页，谓阿思凌与柏朗嘉宾同时奉命赴"蒙古本土"，旋因与拜住发生冲突，故"阿思凌独折回"，其说误也。

108　人获知之；顾《册籍》仅为原文之抄件，登记讹误之处不少见也。

1249 年 4 月初奥登·沙多鲁在失普勒岛所作信札，录有宴只吉带（Älǰigidai 或 Elǰigidäi）使者告圣类思语，涉及拜住事；此札今存唯一写本名其人曰 Bachon（＝Bachou? 或 Bachonoin?）。[①] 对于 Baiothnoy 或 Baiotnoy 名称中之 th 或 t 似无须作何种说明，我颇疑 Baiothnoy 盖为 Bacchonoy 或 Bacchonoyn 写法传写之误。总之其人

109　之真正蒙古名称或为 Baiǰu-noyan，或为 Baičü-noyan，[②]迄今有时采

---

① 此札后在本卷第三章中将有说明。Bachon 写法似经《法兰西大记》(*Grandes chroniques de France*)（包灵·巴黎[Paulin Paris]本，1838 年刊第四册第 30 页）间接证明，是编写作 Baton＝Bacon、Bachon，威廉·南吉斯所录相对之文（《郭卢历史汇编》第二十册第 364—365 页）写作 Bachon。卢布鲁克写作 Baachu(罗克希耳，《行记》第 265—267 页)。

② 1634 年伯尔日隆在其《达达志》(1735 年重刻本第 41 行)写作 "Bachin 或 Bochin"，然德景之《匈奴通史》第三册第 118 页写作 Baijou-novian，已不若前人讹误之甚。戈鲁波维次神甫第二册第 319 页之 Baidu Kan 只能视为一种疏误。毕斯雷（《近代地理之开端》第二册第 277 页同索引）误以 Baitu 与 Baiju 为互用之称；图尔纳比泽神甫《阿美尼亚政治宗教史》第 830 页之 Bayto 亦误。《十字军史》中《阿美尼亚史》（第二册第 158、292 页）之刊行人于史家海屯之文中亦误采 Bayto 写法；原著者著录之名必定不误，则应取此书拉丁文同法文写本之 Bacho、Baco、Bayco 等写法。写本中 c 与 t 二字母时常相混，此例世人已熟知之。海屯书同卷供给一种要例，若《十字军史》之刊行人早识帕忒迦诺夫之研究，必不至于发生错误。据海屯书窝阔台曾遣 "拜住偕同名称 Camachi 之三十达达赴途鲁吉(Turquie)"；刊行人附注云，"应读作 Cancali 或 Qanqaly，盖 Oghuz 族一大部落之称，其人以勇敢残忍而显于世"。然此 Qanqaly(应写作 Qangli、Qanli)为康里部，与此名称毫无关系。刊行人所用诸写本有 Camachi、Tanachy、Canachi、Canachy、Tanachyn、Thamachi、Tamachi 等写法；1903 年奥蒙特(Omont)所刊布之写本（《略说与摘抄》第 38 卷第 280 页）作 Tonachi。其中不误者只有 Tamachi，此名显是《元朝秘史》第 273 节中之 "探马臣"，盖为同书第 274 节 "探马" 名称构成之官号。阿美尼亚史家写作 Temači(参看帕忒迦诺夫本《蒙古史》第二编第 138 页)。此名似在突厥语中流传甚久，惟意义已变，而中世纪阿剌壁语同波斯语撰作中之 Tawači 同 Tawāši，应亦为其同名异写，参看《略说与摘抄》第九卷第 178、242、247 页；第十四卷第一分第 92 页；迦特儿迈儿《马木鲁克朝诸算端史》(*Hist. des sultans mamlouks*)第一册第二编第 132 页；沃勒斯《波斯拉丁语字汇》(*Lexicon Persica-latinum*)第一册第 474 页；帕维特·考特伊尔(Pavet de Courteille)《东突厥语词典》(*Dict. Turk-Oriental*)第 219 页。

用之 Bač 写法应予屏除。① 近代诸考据家类多采用伊斯兰教撰

作写法，写作 Baiju，② 我今从之，然不无踌躇也。盖阿美尼亚语作

Bac'u，③ 西利亚语作 Bašu，④ 甚至西方撰作亦有作 Bachon、Baachu

等写法者，似又偏于 Baiču 而非 Baiju，⑤ 又一方面伊斯兰教写法在

此处无甚关系，盖阿剌壁文写本中无 č，一律写作 j，而波斯文写本

对于外国名称中之 č 或 j 几不为判别。据我所知，不幸迄于现在此

110

---

①　缪萨《交际录》第 21 页中作 Bacŭ（各书用语各异，写法不一，或作 Batchou，或
作 Bachu，或作 Batsehu）；毕斯雷《近代地理之开端》第二册第 372、384、389 页；阿勒杜
尼安（G. Altunian）《十三世纪高加索与小亚细亚等地之蒙古人与其侵略》（*Die
Mongolen und ihre Eroberungen in Kaukasischen und Kleinasiatischen Landern im
XIII Jahrhundort*），柏林 1911 年刊本第 38 页以后。

②　德景书第三册第 118 页作 Baiju（Baidjou、Baidschu、Baiju、Baidzu）；韩迈（Von
Hammer）《伊勒汗史》（*Geschichte der Ilkhanen*）第一册第 147 页；迦特儿迈儿《蒙古史》
《第 119 页；额儿德曼（Erdmann）《节要》（*Vollständige Uebersicht*）第 184 页；《铁木真》
（*Temudschin*）第 229 页；沃尔夫《蒙古史》第 121 页；贝勒津（Berezin）译剌失德丁书（检
其索引）；毕斯雷《本文与译文》第 269 页；《近代地理之开端》第二册第 318 页；乌明斯基
书第 65 页。

③　关于阿美尼亚语写法者，可参看迦特儿迈儿《蒙古史》第 122 页（其中用近代读
音之 p 代表 13 世纪应读之 b，似有未合）。阿美尼亚语译写此名，始终作 Bač'u（Bačŭ），
而非 Baiču，在伯罗赛同帕忒迦诺夫译文中皆然。伯罗赛只有一次在摘译修道士马剌
乞牙（Malakia）之记载中（《谷儿只史》增订编第 465 页）写作 Baïtchou-Nouïn，然在后页
仍在同一译文中又写作 Batchou-Nouïn，我颇疑前页写法似误（马剌乞牙原文或其他译
文今皆未见）。

④　参看阿布卢斯同拉米本《谷儿只人把儿赫不烈思教会记事》（*Gregorii
Barhebraei Chronicon Ecclesiasticum*），卢万（Louvain）刊本第二册（1874）第 717—718
行，核其对音，应是 Bašu-noin 而非 Bašunvin。西利亚语之 š 在此名中与蒙古语之 č 相
对，与同书第二册第 775 行写 Čingiz-khan 作 Šingiz-kan 之例正同。

⑤　应注意者，此类阿美尼亚语、西利亚语，甚至西方语的写法（或者应将史家海屯
除外），对于第一拼音 a 后之 ï 皆未著录；则 Baiju 或 Baiču 译名中之 i 皆未著录；则 Baiju
或 Baicu 译名中之 i 应发音甚微。

名尚未见蒙古文件著录。中国载籍虽亦不知有此驻兵波斯的统将 Baiču 或 Baiju,然在 13 世纪之末同 14 世纪之初著录若干人同此名称,①顾其译写皆作"拜住";《元史》译名虽有不能一贯之病,然此译名在原则上应系 Baiju 对音,而非 Baiču。尚应补充者,蒙古名称类多意义不明,然此 Baiju 可用一种动词 bayi-(bai-)解说,此字犹言"站立";西方译写对于此人名称中之 o 同 u 游移不定者,得因此类词尾唇音韵母古时发音特别所致,故在译写细密的《元朝秘史》中,此类韵母读音始终用 eu 代表,而不用-u 或-o 也。所以我暂时采用 Baiju-noyan 的写法,不用 Baiču-noyan 的写法。至若那延(noyan)乃是一种官号,犹言"贵人"。② 近代读作 noyan,然在中世纪时,外国人所闻之读音大致似若 noïn,盖其第二拼音中之 a, 111　虽经剌失德丁著录 nōyān,然在西利亚语之 noy(a)n,尤其是在阿美尼亚语之 nuin 中,无此韵母也。③ 祁剌柯思谓拜住是 Khurči;④应解作 Khorči,即豁儿赤,犹言佩弓矢环卫之人;此为现在业已明

----

① 汪辉祖《三史同姓名录》(广雅书局本第 23 卷第 5 页)以为《元史》有同名拜住者 12 人。

② 我未识有载籍谓"那延"为万户之别称者,则毕斯雷君(《本文与译文》第 270 页,又《大英百科全书》第十一版圣康坦之洗满条)同乌明斯基君(第 65 页)所持之说不知何所本。1389 年之《华夷译语》仅谓"那延"犹言"贵"。

③ 参看阿布卢斯同拉米书第 717—718 行;迦特儿迈儿《蒙古史》第 118—119 页,又第 122 页。

④ 伯罗赛《阿美尼亚二史家》第一册第 138 页;帕武迦诺夫本《蒙古史》第二编第 52 页。

了的一种官号；吾人将在别一卷言及巴斯卡利尔时重见之。[1]

多明我会士所受之待遇，足以使之气沮。然亦阿思凌不善应
接所致也，盖蒙古人询其来意时，乃答以奉教皇命来，而教皇乃“一
切人类中之最伟大者”；继谓来此劝谕彼等止其屠杀，悔其罪恶，此
亦教皇信札中语。然初次接触拜住之 egyp 或重要幕僚，[2]其属员
同其译人，向诸教侣作巧妙详细之探询，问富浪人(Francs)是否尚
来西利亚。盖此辈闻商贾言有富浪人甚众，将于短期内至西利亚。
自是时始，或在是时以前，蒙古人谋以策术羁縻富浪人，待其抵此
以后，或伪为皈依基督教，或用其他诈术，阻之进入其境，质言之，
不使之进入途鲁吉或阿勒波之地，至少在一定时间内伪与富浪人
友善，盖据谷儿只人与阿美尼亚人言，蒙古人最畏者即是富浪人 112
也。[3] 蒙古人消息实甚灵通，圣类思已在 1244 年提倡十字军，
1245 年以来在法国宣传甚力，而此晋圣品的国王终应在 1248 年
登舟出发也。吾人将于本卷第三章中述其抵失普勒岛后，果有蒙
古使者来建议与之同盟。自 1247 年中以来，美索波塔米亚与中亚
之基督教徒必然已有富浪人同蒙古人结合共击伊斯兰教徒之计
划，是时拜住左右似有预闻其事者。[4]

---

[1] 暂可参看兀剌的米儿索夫(Vladimircov)之研究，见《俄国科学研究院院刊》(*Bull. de L'Ac. des Se. de Russie*)1917 年刊第 1493 页。

[2] 此字两见范珊·薄韦书(第 32 卷第 40 同第 44 章)，然其义未详。

[3] 见同书第 32 卷第 41 章。第 30 卷第 87 章有一相类之文；其文特谓蒙古人及一切海外民族称一切基督教徒(除东方外)曰“富浪人”。

[4] 当时处蒙古人与使者间之译人，或有基督教徒而欲实行此种计划者。

使者来赍何种礼物来，[1]并对代表大汗的拜住，拒行三跪礼。此外并要求蒙古人入教。由是蒙古人怒詈之曰："汝辈劝我等为基督教徒，是欲与汝等同为狗矣！"拜住性情暴烈，既怒使者不行跪见礼，欲杀四使者三次。[2] 其左右进言曰："勿尽杀，仅戮二人，遣余二人往报教皇。"又有进言者曰："剥主要使者之皮，实之以草，交其同伴还报其主。"别有进言者曰："命全军士卒鞭其二人而后杀之；留余二人而待继至之富浪人来。"复有进言者曰："执其二人至军中，俾其知我军众多强盛，[3]而位之于敌人投射机前，则杀之者为敌非我矣。"末一建议似答反对杀教皇使者之人之词。盖拜住有妻妾六人，其居第一位者曾阻之曰："脱汝杀使者，人闻之将憎汝恨汝，各远国贵人例赠之礼物将不复至；再者汝派往外国之使臣，将亦为外国所杀而为报复。"执司招待外国使臣之专员亦云："汝应忆者，某次汝命我杀使者，并剖其心，悬之马腹，而使见者闻者震慑，致逢大汗之怒。脱汝此次命我杀使者，我决不奉命，急走大汗廷，将对全廷诉汝杀人，将谓汝为恶人，为杀人犯。"（第 32 卷第 44 章）

蒙古人作此种讨论时，阿思凌等当然不在场；仅闻人言始获知之，故所记亦未可尽信。拜住后怒息，决遣阿思凌等赴哈剌和林亲递教皇信札于大汗，一如拔都之遣柏朗嘉宾俾其至彼获见"奉天命

---

① 谒见贵人者，例应有所赠献。柏朗嘉宾、安德·龙如美、卢布鲁克较阿思凌为圆通，曾从东方习俗（可参看罗克希耳《卢布鲁克行记》，索引"礼物"条）。

② 四人盖指阿思凌、安伯尔，阿历山、洗满·圣康坦。至若吉沙尔·克雷莫纳曾居蒙古统治之地七年，似将其置于事外。

③ 四使者已抵蒙古营帐，谓执之军中者，盖言执之至军中而从征也。

君临下土自日出之地达于地中海及蓬特（Pont）的大汗"之威权，[①]
然后始解大汗之伟大更胜于教皇。[②]

　　拜住既见阿思凌力拒不从，乃接受教皇信札。迨其部下索书　114
来，又命人持书交教皇使者，命"诸教侣会同在场之译人将教皇信
札逐字译为波斯语，波斯书记将所闻突厥希腊译人以及教侣等之
译词一一笔录"，终由波斯语译成蒙古语，俾拜住明悉其内容。[③]
拜住阅后，即遣使臣将原书同译文驰驿递呈大汗；使臣行时，复命
教皇使者二人同往。阿思凌又拒之。是夜有书记一人召使者至，
对之宣读大汗颁给拜住晓谕各处之圣旨一道，命使者等熟记勿忘。
使者等请给抄本一件，许之。此旨盖为晓谕外国与其使者之通谕，
阿思凌等未至前，业已领到，后此别有说。

　　是皆阿思凌莅拜住营帐第一日经过之事。[④] 入夜，教皇使者

---

　　①　同一用语见诸 1305 年完都都（Öljäitü）致菲力普书，暂可参看颇节（Pauthier）
《马可波罗行记》（*Le livre de Marc Pol*）第二册第 780 页。

　　②　蒙古人颇识富浪人作战之勇，阿思凌既云教皇优出富浪人上，或使拜住有所感
触，一如柏朗嘉宾之使拔都惊异；是以拜住一如拔都之所为，遣教皇使者往谒大汗，使
大汗亲自裁决。

　　③　本文第一卷已言贵由答因诺曾爵四世书，末后写以波斯语。此处亦然，从拉丁
语译为波斯语，又从波斯语译为蒙古语。复次蒙古使者持往失普勒岛递呈圣类思之信
札亦是写以波斯语。前在哈剌和林故址发现之唯一伊斯兰教古碑文亦是写以波斯语。
则波斯语曾在中亚高原为媒介语，世人对此曾经否认，固不合事实，然亦不可过于重
视，可参看拙著《中亚与远东所受伊兰之影响》（*Les influences iraniennes en Asie
Centrale et en Extrême-Orient*），见《宗教历史文学杂志》（*Rev. d'hist. et de litt.
religieuses*）（抽印本第 22—24 页，然其中涉及卢布鲁克之事，误 1254 年为 1253 年，又
误以修士吉约木·布歇[Guillaume Boucher]为神甫）。

　　④　洗满·圣康坦记录留存于今之本作如是说。谓拜住在同一日中欲杀使者三
次，似非真相；参合第 32 卷第 44、第 48、第 49 等章之文，似三次欲杀使者，乃教侣等留
处营帐九星期中之事，至少得谓为五星期中之事。则第 32 卷第 44 章所言主杀同劝阻
之事应分配于此时间中。

115　饿腹还帐,其帐距拜住帐里余。阅四日,阿思凌偕教侣吉沙尔赴拜
　　住营帐,请诸译人转求答书,并许彼等还国复命。此二使者在烈日
　　下待命终日,自第一时迄第九时,仍不得要领,不得已又饿腹还居
　　帐。如是几日日皆然,逾四星期以外。[1]

　　　　拜住当此时间中停止杀戮使者之命,最后始作答教皇书,并派
　　使臣二人偕同教皇使者定于圣若望(Saint Jean-Baptiste)瞻礼日
116　首途,质言之,在 6 月 24 日出发。然二日后闻有大员将自哈剌和
　　林抵此,又变更原意;新来之人盖为大汗亲信之人,据闻因统率谷
　　儿只军队而来,"其人已知大汗本人如何致书教皇"。末一语初视
　　之颇难解。教皇使者莅拜住营事,不能在"五星期"后得达哈剌和
　　林,尤其是不能在宫廷传来消息中隐喻有此。不能谓柏朗嘉宾使
　　团声名扬溢,而使拜住得悉大汗致书教皇,亦不能谓在八个月后宣
　　布新命外高加索统帅之诏敕中言及答教皇书事。则洗满·圣康坦
　　记录残文此处亦有错简。须待此新任大员至,始得知贵由答教皇
　　因诺曾爵四世来书事,吾人将言此新至人员之参与,曾在拜住最后
　　决定之答书中留有痕迹也。

　　　　外高加索蒙古新统将的名称,诸写本刊本游移于 Augutha 同

---

　　　① 伯尔日隆《柏朗嘉宾阿思凌行记》(Voyage de Plan Carpin et d'Ascelin)1735
年本第 77—79 行解作使者如是待命"九星期","六七两月逐日皆然",拜住未尝作答,
已而"又"逾五星期,拜住在此时间停止杀戮使者之命,已而又逾"三日",已而逾"三星
期有余",已而又逾八日。案阿思凌在 5 月 24 日抵拜住营,7 月 25 日就归途,颇难将上
述之十八星期置于此两个月中也。我以为似应答解如下。范珊·薄韦书留存洗满·
圣康坦记录之文颇不明了。证以第 32 卷第 48 章之说,拜住三次欲杀使者,并非第一日
事,原文似言使者日日待命以后,别言使者在营九星期中未蒙拜住接见事。至若等待
答教皇书之时间大约有四星期余;是即第 32 卷第 49 章章首所言始 5 月 24 日迄 6 月 24
日之"五"星期也。

Angutha 两种写法之间。德景（第三册第 120 页）在 1757 年业已将此名还原作"Ilchiktai"。乌明斯基（第 69 页）并见屈尔布（第一册第 145 页）在 1860 年作相类的考订，而以为此 Augutha 或 Angutha 即是曾任波斯长官（突厥语之八思哈[basqaq]，蒙古语之达鲁花赤[darughačin]）之阿儿浑阿合（Arghun-ägha）。然德景之考订不误。阿儿浑之抵西北波斯，晚在数年以后。[①] 反之，Äljigidäi 或 Eljigidäi——此名实在写法如是——[②]确在 1247 年派往外高加索。[③] 此亦是 1248 年抄遣使往谒圣类思于失普勒岛的"Ercalthay"。此人后在 1251 年被杀。拉斯图尔君谓其人"必是基督教徒"；此问题我后在本卷第三章言及 1248 年的使臣时将别　117

---

　　① 关于阿儿浑者，可参看韩迈《伊勒汗史》索引，同不少他书，尤其是《卢布鲁克行记》。

　　② 此名业由《元朝秘史》第 275 同第 278 节的"额勒只吉歹"保证不误。韩迈或写作 Ildschikitai，或写作 Iltschidai，或写作 Iltschikidai（参看其书索引）；并须屏除者，多桑书（第二册第 205 页）之 Iltchikadai，伯劳舍《蒙古史》绪言第 175 页，又原文第二册 294 页之 Eltchikédeï，罗克希耳《卢布鲁克行记》前第 27 页之 Ilchikadai，缪萨《交际录》第一记录第 437 页）同托斯图尔君之 Ilchi-Khataï 等写法是已。Äljigidäi 或 Eljigidäi 名称无须分为两半；此乃由一蒙古语名词 Äljigin（或者是 Äljigän 之别写，此字犹言驴）照例变化而成的形容词。《元史》卷二定宗二年的野里知吉带，同卷三宪宗元年的宴只吉带，皆与《元朝秘史》比较谨严的译名完全相合。可参看《通报》1922 年刊第 67 页。

　　③ 多桑书（第二册第 205 页）将派遣之时定于 1247 年 8 月，考《元史》卷二定宗二年（1247）本纪之文云："八月命野里知吉带率搠思蛮部兵征西。"搠思蛮之名未详；第一字之音现在固读若朔，然在蒙古时代之译写中常对 čo 或 čö（参看《亚细亚报》1913 年刊第一册 456 页）；《元史》同相类之书常讹"儿"作"思"，则此 čosman 可以视为 čorman 之误；然则为常名 jurman 之部落欤？抑为绰儿马罕（Čormaghan）之省译，应假拟宴只吉带代领其众欤？——钧案《秘史》续卷二之绰儿马罕，续卷一别作搠儿马罕，《亲征录》又作搠力蛮，足证搠思蛮改正之是，后二译名疑本畏吾儿文之 čor-ma'an 非省译也。定宗二年本纪之文似可作"命宴只吉带调发搠儿蛮旧部之兵征西"解，非代拜住领其众也。

有说。此种考订既然不误，范珊·薄韦书中之 Angutha 应较
Augutha 为可取。

拜住在 6 月 26 日始闻宴只吉带将至，然宴只吉带在 7 月 17
118 日始抵其营，[①]随来者尚有阿勒波王之舅父，与毛夕里王之弟，皆
赴哈剌和林朝觐大汗而回者也。宴饮亘一星期。至第八日，适为
圣雅各瞻礼日，质言之，1247 年 7 月 25 日，阿思凌等始就归途；携
有大汗颁给拜住之宣谕外国通行圣旨抄本，同拜住答因诺曾爵四
世书。拜住使臣二人偕之往见教皇。

※

宣谕外国圣旨之拉丁语译文，业经范珊·薄韦书（第 32 卷第
52 章）保存，然关于此旨颁布之时期尚有问题必须提出。前此已
言 5 月 24 日教皇使者初抵营帐之日，即有人对彼等宣谕此类圣
旨，并许以钞本一件付之；然至 6 月 26 日拜住闻宴只吉带将至，留
诸教侣不遣，据闻其出斯举，有一部分因为宴只吉带携有宣谕全世
界之新朝旨至，而拜住欲将其文交与使者同其所遣使臣递呈教

---

　　①　此月日在洗满·圣康坦记中著录甚明，无可疑也。由是观之，多桑谓在 1247
年 8 月遣宴只吉带赴外高加索一说，同《元史》阴历八月（1247 年 9 月 1 至 9 月 30 日）遣
派一说，皆应改正。宴只吉带奉命之时不得在 1247 年 5 月以后。宴只吉带在 1247 年
7 月抵西北波斯一事，足证安大奈书（第 125、130、135 页）立说之误，盖其以为安德·龙
如美在 1246 年杪或 1247 年初识宴只吉带于帖必力思也。

皇。① 则应寻究阿思凌携归之帝旨是 5 月 24 日对彼宣读之帝旨，抑为拜住所谓宴只吉带携来之新旨。

此旨谓由大汗颁给拜住，并未涉及宴只吉带一事，在此处未能 119作何种证明。宴只吉带与拜住之地位关系，并无明了的表示。他抵此以前，诸使者仅闻有一大汗钦命的"正式大员"来，并有不少人谓其奉有"统辖谷儿只全境之命"。然据洗满·圣康坦之记录，毫无证明拜住势位减削，而宴只吉带代彼之事。此外世人已知拜住仍接续统率其军如故，吾人言及 1248 年奉使赴圣类思所之使臣时，对此二人之关系将别有说。复次宴只吉带将至之讯，应由驿递于 6 月 26 日送达拜住；不能谓由一急递使者从哈剌和林直接送达。洗满·圣康坦对于宴只吉带知有贵由答教皇书一事，诚有误记，则对于 7 月 17 日前拜住未能知悉之晓谕外国的新朝旨，或亦然也。我以为宴只吉带或携有新旨来，而在此场合中，阿思凌等携回者是此新旨，而非 5 月 24 日对彼等宣读之旧旨。

此旨乃一宣谕外国民族之圣旨，命皆臣服身为地上唯一君主之大汗。虽然不乏兴趣，然其性质太泛，在此处无须转录全文，只将足资研究之首尾两段录出可矣：

> 统辖一切的长生苍天之命，仁慈、威严的天子成吉思汗宣谕。上天长生，成吉思汗为地上唯一君主。望该旨遍传各地，人人尽知，包括归附我每与反叛我每之人民。……如有人胆敢违抗，汝等可竭力惩罚他每。

---

① 参看范珊·薄韦书第 32 卷第 49 章。关于宴只吉带知悉贵由答因诺曾爵四世书一事，我前此曾言拜住在宴只吉带抵此以前获知其事，似不合真相。

120 洗满·圣康坦之记录,虽使吾人知晓教皇信札之如何译呈拜
住,然对于帝旨与拜住信札之如何转为拉丁语,竟无一言及之。或
者阿思凌等在归途中,得拜住派往欧洲而随行的使臣之帮助。无
论如何,其译文较之 1246 年 11 月 11 日由蒙古诸大臣同柏朗嘉宾
在昔剌斡耳朵预备的贵由答书之按文直译,实不及远甚。

开始 Per preceptum Dei vivi(长生苍天之命)一语,当然代表
蒙文圣旨始终使用之 Mongka t(ä)ngri-yin küčün-dür,犹言"长生
天气力里"。dicit quia(宣谕)应代表蒙文 ǰ(a)rl(i)q,犹言"圣旨",
此字应位置于降旨者名称之后,接旨者名称之前。Chingiscam
filius Dei dulcis et venerabilis(仁慈、威严的天子成吉思汗)代表
者应是降旨者之名号。然而其事诞妄不经。成吉思汗已殁于
1227 年,而降此圣旨者应是贵由。吾人前此已见贵由答因诺曾爵
四世书波斯语原本中突厥语冒头,未着贵由之名,拉丁语诸译本中
如萨临边钞本同维也纳藏第 389 号本皆同,惟维也纳藏第 512 号
本有"贵由汗"名,而柯尔伯钞本则作"成吉思汗"。初视之可以使
人假拟此处情形相类。或是原来诏旨仅着大汗号而无贵由名,洗
121 满·圣康坦或范珊·薄韦欲补此大汗名,惟仅知有成吉思汗,故加
此二"成吉思汗"于译文中;抑是诏旨本有贵由名,而传钞者两次皆
有讹误,致使范珊·薄韦读作成吉思汗。[1] 观贵由致因诺曾爵四
世书未著贵由名称之例,似足证明前一假说之是,盖其与蒙古旧例

---

① 范珊·薄韦书所录柏朗嘉宾诸章中之贵由名称,有若干写本同一切印本不免
讹误,诸善钞本皆作 Cuiuc 成 Cuyuc,而诸刊本皆作 Cuyne(参看大维札书第 665 页)。
但在此处写本皆同,似应假拟讹贵由汗为成吉思汗者,应上溯至范珊·薄韦本人;惟此
事不合真相。

合也；①但是我将说明此说何以不甚充足之理。至若 filius Dei（天子）亦不甚正确。蒙古初叶诸帝未用中国"天子"之号，仅有"合罕"之称，有时且省称"汗"，如前此所见贵由答教皇书冒头同其印玺所示之例；自称则作"海内汗"，质言之，普及汗也。② 或者外高加索地方之波斯译人，为说明合罕尊号，特用波斯语之 faghfur，是即中国皇帝之称，而大致可当 filius Dei。③ 至若以下迄于 solus dominus（唯一君主）之文，似为蒙文 yäkä su ǰali-yin ibägän-dür 之拙劣的意译，④此语常位在后此诸圣旨冒头中长生天以后，合罕或汗称号以前。此语本身不甚明了；就字而说，似云："大福荫护助里"；⑤吾人尚未识——不如说我未识——此语之隐意为何；我后

122

---

① 我前此已言 1246 年后之蒙古文件，首见者是 1276 年令旨，降旨者名称曾见著录。科特维茨（Kotwicz）君近有说明（《东方学报》[*Rocznik Orjentalistyczny*] 第二册，1925 年刊第 279 页），以为此事纵为常例，但不适用于皇帝。此说甚是，我尚可引其他诸证以实其说。则此贵由皇帝颁布之圣旨未著帝名，亦正例也。

② 参见前第 22—24 页。贵由印玺用语与《元朝秘史》用语，可与居庸关蒙文石刻用语共比较，石刻中帝号曰 talayi-yin eǰän ulus-un qaʼan，此言"海内主人民合罕"；此较长的尊号与艾蒂安·斡儿帛良所录蒙哥尊号"陆海主"可以互相参证。

③ 尤因昔日美索波塔米亚同阿美尼亚两地之人视蒙古如同中国辖一事，致混解更易。参见前第 41—42 页。

④ 八思巴字母石刻作 yekä su ǰali-yin ʼihäʼ än-dur；我在 1925 年《亚细亚报》四、五、六月刊第 374 页所撰一篇《哈剌和林札记》中曾言何以用 su，而不用兀剌的米儿索夫君在 1916 年同科特维茨君在 1918 年所用 sü 之理。关于 su ǰali 还参见兀剌的米儿索夫《五卷丛书中的蒙古故事集》（*Mongolʼskii sbornik razskazov iz Pañcatantra*）彼得格拉得 1921 年刊本第 45 页。

⑤ 蒙古时代汉译之意如此，可看看《通报》1908 年刊第 368 同 374 页之文（沙畹所译文未曾注意"福荫"二字即是 su 一字之对称）。有关已经提出的解释，参见班扎罗夫（Banzarov）《邪恶的信念》（*Cernaya véra*），波塔宁（Potanin）本，圣彼得堡 1891 年刊第 53 页；波兹得涅耶夫（A. M. Pozdnéev）《蒙古文学史讲稿》（*Lekciu po istorii Mongolskoï literatury*）圣彼得堡 1887 年刊第 103 页。

此将别有说。总之，我以为此旨开始用语与后代同，即 Mongka tängri-yin kü čün-dür｜yäkä suǰati-yin ibägän-dur｜[dalai-yin?] qaghan(ou qan)，ǰarliq manu，犹言"长生天气力里，大福荫护助里，[海内?]合罕圣旨"是已。

　　范珊·薄韦书所留传至今的译文，此诏首用语同卢布鲁克所译大汗蒙哥 1254 年 6 月致圣类思书开始用语似甚相近；顾卢布鲁克曾自言"姑就我能解译人之言译之"。① 其文亦不甚明了；不幸更有卢布鲁克插人之语充布其中。伯尔日隆重译其文曰："长生天主之命如是。在天有一长生天主，在地有一主君，成吉思汗，天子及 Temingu Tingey 或 Cingey 之子，质言之，铁声（缘其为铁工或锻工之子，故名 Cingis，骄傲日甚，现称之曰天子）。宣谕汝辈之词如下……"缪萨译文甚简："长生天命如是：在天有一长生天主，在地有一主君，天子成吉思汗。宣谕汝辈之词如下……"罗克希耳译文云："长生天子之命如是，在天只有一长生天主，在地只有一君，成吉思汗，天主之子，Demugin 或 Chingis，铁声。"（彼等自称 Chingis 铁声者，盖因其为铁工，骄傲日甚，遂称之曰天主之子）。"宣谕汝等之词如下……"卢布鲁克的自注，证明卢布鲁克在其译文之中，确著有成吉思汗名称；则与贵由答因诺曾爵四世书之若干拉丁文写本经后人加入之例不同。又一方面若谓卢布鲁克受拜住转达的圣旨拉丁语译文之影响，似乎不合真相；卢布鲁克固知安德·龙如美奉使事，第观其行记中语，毫无可以假拟其已识阿思凌

_____

① 拉丁语译文可参看大维札书第 369 页。法文译文见伯尔日隆辑《卢布鲁克行记》第 129—130 页（又从是编采入莫斯海姆《教会达达史》附录第 55—57 页，缪萨《交际录》第二记录第 424—426 页），英文译本见罗克希耳《卢布鲁克行记》第 248—251 页。

携归诸文之理由。复次亦不能谓卢布鲁克之文影响到范珊·薄韦之书；卢布鲁克仅在 1255 年从蒙古还至巴勒斯坦，当时《史鉴》业已成书，并无采卢布鲁克之文而为增改之痕迹。由是观之，吾人应该承认拜住转达之圣旨，经洗满·圣康坦译写之文，确已著录成吉思汗名称，而在卢布鲁克所译蒙哥致圣类思书中，又别见斯名。第在此两种文件之蒙古语冒头中必无成吉思汗之名，又为事实。

　　所以有人推测翻译此类诏旨者，或在其冒头中见有隐喻成吉思汗之意。我即根据此说求其答解，然仅为附条件的答解，未能必其是也。前此已言蒙文圣旨开始即云："长生天气力里"，继云"大福荫护助里"。世人不致承认后一语所指者亦是上天，[①]然我实不明其故。汉语译文中之"福荫"所对者是蒙语之 su。乃考地位次于皇帝者所发布之令旨，开始固亦云"长生天气力里"，然下文不云"大福荫护助里"，仅云 qaghan-u su-dur"合罕（当时在位者）福荫里"，又考诸帝后古来习用之称号，帝曰 sutu，后曰 sutai，兹二形容词并训作"有福的"。似乎诸旨冒头所称之"大福荫"，或指本朝开业的成吉思汗。至少可以说译人作如是解。否则由各地携回之译文，由各人翻译之译文如洗满·圣康坦、卢布鲁克之译文，皆见有成吉思汗之名，将无从得其解矣。

124

---

　　①　参看班扎罗夫《邪恶的信念》第 52—53 页，并参看玉耳-戈尔迭《马可·波罗》第一册第 351 页。

不得谓一旦承认余说以后，凡事皆明也；诏旨仅用合罕一号而不著其名一事，曾使拉丁语译本之编辑人迷离不明。在拜住转达的圣旨之译文中，首见的"成吉思汗"固从"大福荫"一语衍出，第二见之成吉思汗应是"合罕"之误解，而此合罕应指贵由。当时之"地上唯一君主"即是贵由。柏朗嘉宾曾谓（大维札书第 715 页，及前第 11 及 28 页）贵由诏书开始即云："天主气力里，人类全体皇帝"，而其印玺之文曰："天主在天中，贵由汗在地上。天主气力里人类全体皇帝之玺。"译文仅译大概，盖在印玺中必无贵由之名，然亦不能谓其误译，缘原文"合罕"即指贵由也。柏朗嘉宾之"人类全体皇帝"，一如洗满·圣康坦之"地上唯一君主"，应对吾人现在所见贵由答因诺曾爵四世书同所钤印玺中之"答来因合罕"，质言之，"海内合罕"。蒙哥致圣类思书中之"地上独一君主"应亦然也，惟译人知识欠缺，而在卢布鲁克之译本中移此号以称成吉思汗耳。

复次卢布鲁克之注释或者在别一点上使诸写本发生讹误。例如大维札书所录之文，诸写本似将 Demugin、Cingei（别作 Temiugu、Tingiri）等字包括于诏旨译文之内。然我以为此类字（只有第一字确实非误，然似不应点断）早已在卢布鲁克注释"天子"之文之中，此外"天子"在译人意中应指"合罕"，前已言之矣。由是观之，卢布鲁克在此处用以注释成吉思汗之名，误也；在此场合中，"天子"应指蒙哥。又如诸写本皆用属格，则"天子"之下不可点断，应与下文连读作"合罕（蒙哥）圣旨如下"。

兹请重言拜住交给阿思凌之圣旨。蒙文圣旨在"合罕圣旨"一语下，皆著录有接受圣旨之人。第在此圣旨中无拜住名；则应是仅交其各处统将(如斡罗斯统将之类)转致实在接奉诏旨之人者,质言之,Provinciis nobis obedientibus et provinciis nobis rebellantibus (归附我每与反叛我每之人民)是已。此语着实可贵,盖其供给吾人对于贵由致因诺曾爵四世书所钤印文所余唯一难题之答解也。此印上有文一段,前经我读若 il bolgha irgän-dür kürbäsü 而不无疑惑者,曾释其义曰"颁到臣服的民族"。然我曾以 bolgha 为 bol- 的分词一说,不能完全满意。其后我在《元朝秘史》第 275 节中见有 bulgha irgän 名词,汉语译作"反叛的百姓",由是我以为印章之文应改易韵母读作 il bulgha irgän-dür。案 bulgha 一字在蒙古语中,业已不复运用,然与若干突厥字同蒙古字在本义上训作"扰乱""混杂"者,而在假借上训作"骚动""叛逆"者,寓有关系;与蒙古语 bulgha 最相近之突厥语字是 bulghaq 或 bulghagh,曾在嗢昆河 (Orkhon)突厥碑文中见之训作"骚动""扰乱""反叛"。其后不久科特维茨君来函谓彼亦读作 bulgha,而不取 bolgha 之读。他近将其见解说明(见《东方学报》第二册第 278—279 页),其意以为"在此场合中似可读若 bulgha bulïya(n)'侵入'(如 khorgha＝khorïgha '围藩,堡垒'之例),并据迦特儿迈儿所言'归附同镇服'之义以释 bulgha"。[①] 此说似乎不确。《元朝秘史》译 bulgha 为"反",而非"镇服",是亦班扎罗夫在 1851 年初次解说此字之义,特未著来源而已。赖有范珊·薄韦书所保存的诏令拉丁语译文,考其蒙文原文,必是 il bulgha irgän,则吾人可以断言贵由印文中之 il bulgha

---

① 　然迦特儿迈儿《蒙古史》第 73 页只言 il,未言 bulgha。

irgän 训作"归附的同反叛的人民"。①

　　诏尾用语亦与旧例相符；盖诏旨常以警戒违者语句殿其后也。②

128　　　　至若拜住本人信札（第 32 卷第 51 章）兹为便于考证起见，有

---

　　① 此具有"反叛"意义的 bulgha，现不见于蒙古文字书，然其例可举者不少。兹将可以引证者列下：（一）bulgha köyitču"造反"《元朝秘史》第 201 节）；（二）bulgha irgän "反叛的百姓"（同书第 275 节）；（三）il bulgha irgän"归附的同反叛的人民"（贵由印文）；（四）qoyin-a duu-a busm-a-tan köbägüd bulgh-a bolbasu"已而诸王笃哇（Dua）同布思马（Busma）叛变"（1362 年汉蒙碑文未刊本第 19—20 行）；（五）bulgha kütmün-i bürčijü"平服叛人"（成吉思汗给诸弟同诸子训令；科特维茨引之）；（六）burgha"反叛"见《邪恶的信念》1891 年刊第 96 页转录班扎罗夫 1851 年论文（原本者得为上列第五项训令）；（七）bulgha 见木汉纳（Ibn Muhannā）阿剌壁文蒙古文字书。此末一例必须附以若干说明。科特维茨君所引术汉纳书，盖据《俄国皇家考古学会东方部学报》（*Zapiski Vost. Old. I. R. A. Obsč*），第 15 卷（1902）中之麦略郎斯基（Melioranskiĭ）版本，检是编第 128 页，著录有一所谓蒙古字 bulghagh，而用阿剌壁文释为"战争""战场"。麦略郎斯基曾谓此字乃假之于突厥语者，其本义实为"扰乱""混战"。训为"战争"固然非是，训为"混战"亦似过于牵强。同一木汉纳书阿剌壁突厥文部分，亦著录 bulghagh 一字，然此次用阿剌壁文训作"暴动""扰乱"，与原义恰合（参看麦略郎斯基《研究突厥语的阿剌壁语言学家》（*Arab filolog o tureckom yazyké*）圣彼得堡 1900 年刊本第 82 页）；由是我以为汉蒙文部分中阿剌壁文之"战少争"训义容或有误。最后木汉纳书于 1924 年在土耳其重再刊行，所据者是麦略郎斯基所用诸本外之其他写本，其中（第 225 页）固亦有"战争"的译意，然蒙古字则写作 balgha，必是 bulgha 之误无疑。缮写之人知突厥语而不识蒙古语，将 bulgha 用突厥式写作 bulghagh，事颇自然，若谓有相反情形，似乎不合真相；由是观之，木汉纳之原稿必是 bulgha 也。

　　② 拜住转致之贵由玺书，与蒙哥致圣类思玺书，除冒头相同外，别有一段，其文极相类，即言见帝旨而违命者，将成盲者或成跛者一段是已。此类语句今在吾人所识少数蒙文诏旨中固未见有，应亦为流行之语也。

全录其文于左之必要：①

达达人统帅致教皇书

［此为拜住致教皇信札抄件］

奉合罕本人圣命，拜住转告教皇知悉。你的使节业已抵达，送来你致我等之书信。你的来使言语傲慢，我等不知道他们这样做是奉你的命令，还是自作主张。你在来信中写道：你们杀害、处死、消灭了许多人。这是上苍不可动摇的旨意和决定，它要我们占有全世界。谁服从这一旨意，谁就可以保住自己的土地、水和财产，得到受命占有全世界的人的庇佑。但是，谁不听从这一旨意和决定，自行其是，谁就将被杀死、消灭。我等现在向你们转达这一旨意和决定。倘若你们希望拥有我们的土地、水和财富，你教皇理应亲自来我们处，谒见那受命拥有全世的人；倘若你们不听从上苍和那受命拥有全世的人的永恒旨意，此情我们不知道，上苍是知道的。为此，你应先遣使节来，禀告我你们是否前来谒见，你是想同我们友好，还是与我们为敌。你要尽快遣使前来，把你们对这一命令的答复禀告我们。我等于阴历七月之第二十日通过爱别吉（Aybeg）和薛儿吉思（Sargis）传达这一命令，写于习仙思营帐。

129

---

① 今采 1483 年纽伦堡刊本之文，并用编 4898 同 4900 号之拉丁写本对校。此外其拉丁文本并见缪萨《交际录》第二记录第 421—422 页；多桑书第二册第 231—232 页；戈鲁波维次书第一册第 213 页；法文译文见伯尔日隆辑 1735 年刊本第 79—80 行；多桑书第二册第 229—230 页。

诏语当然始于"奉……命",戈鲁波维次神甫以其始于"此为",误也。惟是诏首拉丁语译文虽遵洗满·圣康坦原文,似乎整理未善。最简单之解释应如下文:"奉合罕本人圣命,拜住转告教皇知悉。"第此语气与吾人所见时代较晚的相类之文不甚相合。根据其他诏旨,可以假拟此处开始用语应作 Mongka tangri-yin kücün-dür │ qaghan-u(qan-u)su-dur│Baiju ügä manu│Bab-a,"长生天气力里,合罕福荫里,拜住宣谕教皇"。[1] 假如"转"字在此诏中未代替别一适应 su-dur 之字,则应承认诏书开始之文未用 Mongka tängri kücün-dür 等语,而以 dispositione divina(圣命)翻译 su-dur。[2]

拜住信札后题"七月太阴之第二十日",然得为 6 月 24 日以前业已起草的信札(第 32 卷第 49 章),亦得为 7 月 17 日业已办就的信札(第 32 卷第 50 章)。第观其内容却又不然。此札与贵由致因诺曾爵四世书极相类,草此札者应识其文。据洗满·圣康坦之记录,吾人获知拜住左右只有宴只吉带一人独知贵由如何答复教皇,宴只吉带于 1247 年 7 月 17 日抵拜住营,信札题 7 月 20 日,足证蒙古人在一星期宴饮中,并未忘阿思凌奉使之事。[3] 1246 年下半年宴只吉带身在哈剌和林,就其地位言,已识贵由答因诺曾爵四世书,当然无足异;然不能因此遂谓其为基督教徒。但在中亚之基督

130

---

① bab-a 之-a 乃一与格,波斯诸蒙古汗致菲力帛·勒贝尔诸书,开始用语悉皆如是,世人常以此-a 为呼格,误也。

② 君主属下之人发表之文件蒙文原本,固未见之,然有一译文可以参考,是即 1248 年宴只吉带致圣类思信札是也。此札开始表示之意,亦为"长生天气力里",(参看奥登·沙多鲁信札,同范珊·薄韦书第 32 卷第 91 章)。无论作此札者为何人,此语必非自造,1248 年信札既有斯语,似 1247 年信札亦然。

③ 迁就说亦可假拟为阴历之二十日。则为阳历之 7 月 23 日矣;然我不以为然;总之安大奈书第 125 页谓此书作于 7 月 25 日确误。

教信徒中,虽距哈剌和林甚远,业已知有柏朗嘉宾来使同贵由答书等类消息。所以小阿美尼亚国王海屯一世之弟大将军三拔自本国赴哈剌和林朝觐时,曾在撒麻耳干致书失普勒国王与王后,言及此事,其书应作于 1248 年 2 月 7 日,业经奥登·沙多鲁 1249 年 3 月 31 日上教皇书录而存之。[①] 三拔在抵撒麻耳干前,抑在撒麻耳干城闻悉柏朗嘉宾奉使事,曾将贵由答书录其概略云。 131

拜住在书末列举有持书偕诸教士同行之使臣名称;吾人据洗满·圣康坦记录,获知使臣名称已在拜住信札前此诸稿中著录。此次遣派蒙古使臣赴欧一事并非创举。蒙古人欲访闻外国事,极愿遣派使臣前往。贵由左右曾欲遣蒙古使臣持贵由答书偕柏朗嘉宾同谒教皇,而柏朗嘉宾曾列举有未能同意之理由五种(大维札书第 766—767 页)。卢布鲁克亦竭力拒绝蒙哥使臣偕行(罗克希耳《行记》第 229、250 页);前一年狄奥多罗(Théodule)曾领导蒙哥使臣一人进至东罗马帝国境内(同书第 180—181 页)。阿思凌似无

---

① 我对于奥登·沙多鲁此札在第二卷第三章中将详言之;有人以此书作于 1249 年 4 月 1 日;殊未知此书作于"耶稣复活节前之第四瞻礼日",则为星期三,而 1249 年 4 月 1 日为星期四;由是观之,此书应作于 3 月 31 日。戈尔迭(《契丹纪程》第一册第 262 页)误作 1243 年;同书第四册第 266 页,又改正前误云:"此书写于 1248 至 1250 年间。"其实此书明题 2 月 7 日,顾圣类思于 1248 年 9 月 17 日在利马索尔(Limassol)登岸时,此书已在失普勒国王所,则可以承认之年月,应是 1248 年 2 月 7 日。我以为不能说是 1247 年 2 月 7 日。盖三拔奉兄命往朝新主贵由,而贵由即位时在 1246 年 8 月 24 日;应使此讯抵达小阿美尼亚;相传三拔在道八个月,此八个月不能位在小阿美尼亚闻贵由即位之讯时与 1247 年 2 月 7 日之间。则此书确作于 1248 年 2 月 7 日矣。就此以考三拔出发之时,只能在 1247 年 6 月左右。由是观之,世人位置三拔行程于 1248 至 1250 年间一说,误矣(伯罗赛《二阿美尼亚史家》第 158 页;布莱兹奈德《中世纪寻究》第一册第 165 页),旅行期间应在 1247 至 1250 年间,而 1248 年乃三拔抵哈剌和林之年。戈鲁波维次神甫辑有关于柏朗嘉宾之资料甚众,然未引证三拔此札。

此二方济各会士所有之顾虑；纵有之，然在留存于今的洗满·圣康坦残文中未留任何痕迹。

拜住使臣二人，一名爱别吉，一名薛儿吉思；吾人可以断言此二人中无一真正蒙古人。爱别吉（Aï-bäg）是一突厥名称，其人应是蒙古人所用不少畏吾儿籍官吏中之同类。至若薛儿吉思，必是一 Särgis、Serge，则为一基督教徒，殆可确定其为聂思脱里派信徒，而其籍贯或是西利亚，或是亚洲高原。第在斯时，吾人尚未识有纯粹蒙古人信奉基督教也。

※

132　　阿思凌与其他教士偕同拜住使臣二人于圣雅各瞻礼日，质言之，于 1247 年 7 月 25 日离去"习仙思营帐地面"。阿思凌急欲复命，盖其欲在冬季前到达海滨，俾能不误"航行期间"（第 32 卷第 50 章）。虽因宴只吉带之至，延展其行期八日，必未放弃此种计划。则其所取之道途，必是直接道途，只须在蒙古人辖境之内，质言之，至阿勒波止，拜住使臣必定可以便利其行程。阿思凌等处此情况之下，似应当然遵循范珊·薄韦所言自习仙思达阿迦之五十九日行程（第 32 卷第 50 章）。此道吾人业已详悉；盖为安德·龙如美所经之帖必力思、毛夕里、阿勒波、安都、阿迦一道；安德·龙如美自帖必力思抵阿迦需时四十五日；所余之十四日应为习仙思至帖必力思之距离。则似阿思凌等去时曾绕道梯弗利思而抵习仙思，归时则行五十九日，而此归途行期显系范珊·薄韦得之于洗满·圣康坦者也。难者以为范珊·薄韦书有"据闻"二字，似诸教士仅闻有此道而已。然我以为此二字得为范珊·薄韦增入之文。[①]

　　所行站数当然不能必为旅行日期，盖不能证明阿思凌等未在中途停留；此后尚可见其滞留帖必力思数日也。无论如何，纵然假拟其在 1247 年秋末抵阿迦，吾人对其未能利用 1247 年秋季"航行期间"之情形，实未解其故；仅在 1248 年登舟，吾人知其在是年夏季偕同蒙古使臣归来，此事业经玛泰·巴黎书同因诺曾爵四世《册籍》间接证明矣。

※

　　阿思凌等似在从习仙思至阿迦之归途中获闻列边阿答之事。应忆及者，安德·龙如美在 1246 年杪或 1247 年初识其人于帖必力思，而此聂思脱里派修道士曾以服从信札一件托其转呈教皇，安德对之印象甚佳。范珊·薄韦书之列边阿答章（第 30 卷第 70 章）所言又异；以其人为重利盘剥之人，从事占卜之人，并是宗教之敌。其人尚居帖必力思，诸多明我会士即在此城将教皇信札交彼，而其人从未允对诸会士进食。此章末一语颇迷离不明，似谓诸多明我会士留滞其所居之城时，列边阿答已死。顾范珊·薄韦此处所本之源，只能为洗满·圣康坦之记录。则所言之多明我会士应指阿

---

　　①　我以为阿思凌与其同伴诸人暨蒙古使臣等如是从习仙思达阿迦。但对于或能直接返梯弗利思修道院之奥登·吉沙尔，似不能作此解。然其人亦可进至阿迦；盖其与阿思凌同处五个月；在此时间内，由梯弗利思至习仙思，留习仙思二月，然后从习仙思至阿迦，尚可余数日停留帖必力思城也。

思凌使团，而此使团实已经过帖必力思矣。此事只能位在归途中，则在 1247 年 8 月，盖此使团去时经行梯弗利思也。所言教皇信札，只能为 1245 年 3 月 25 日致东方诸异派掌教书；列边阿答应在六个月前认识安德·龙如美使团。洗满·圣康坦言及列边阿答时，谓诸使者曾留处其所若干时；此事可以假拟阿思凌欲与列边阿答接洽，而冀获有一种良好结果，曾将其自习仙思赴阿迦之行程延展数日。然列边阿答之心情已不复如安德·龙如美见彼之时。或因拜住对于教皇使节加以侮辱，致使其心情冷淡。无论如何，似在殁前对于阿思凌未作何种退让，而诸使者之怨愤已流露于范珊·薄韦书此章之中也。

　　所余者列边阿答在何时举荐西利亚籍基督教徒爱薛于贵由一事而已（参看前文第 52—53 页）。贵由在位时，始 1246 年 8 月，终 1248 年 4 月。假如列边阿答在世之时延至 1247 年 8 月以后，旅行蒙古之事尚可位在此时同 1248 年 4 月之间。第列边阿答年事必高，若在 1247 年 8 月去世，而又一方面安德·龙如美在此年初间见之于帖必力思，势须假拟列边阿答曾赴哈剌和林参加贵由即位典礼（1246 年 8 月），荐爱薛于新帝即在斯时。应在其后不久即还帖必力思。其在"东方中心秦土"携归而托安德·龙如美转呈教皇之"小册子"，应由此行携还。

※

　　首先转载玛泰·巴黎《广记》所记 1248 年拜住使臣到达事者，似是缪萨。玛泰·巴黎谓 1248 年夏有达达使者二人至，无人能悉其使命为何。使臣所赍之信札，曾由一种未识的语言，译为一种较熟悉的语言凡三次。教皇常偕译人数辈与此辈使臣秘密接谈，并以使者以绯色银鼠被服。据传来书所言者，是蒙古人进击尼西亚（Nicée）希腊帝瓦塔西（Vatace）事，其人盖为菲烈德里二世之婿，亦因诺曾爵四世之敌。同一玛泰·巴黎之《英吉利史》所言又异，而缪萨未见其文也。据载使臣建议，其主在一定条件下信奉基督教，惟教皇欲使蒙古人进击瓦塔西时，使臣拒绝不从，以为基督教不应互相为仇，玛泰·巴黎是敌视因诺曾爵四世之人，所言二使臣奉使目的与因诺曾爵四世之提议，当然未能置信。缪萨曾言（第一册第 427 页）若获见使臣所赍之信札，将其证明其事；缪萨盖忘此札已见范珊·薄韦书，而他本人已在两页前曾经言及也。

　　蒙古使臣爱别吉、薛儿吉思二人中至少有一人是基督教徒，因诺曾爵四世欲向其探询蒙古事，容有其事。然拜住使臣仅为致书的使臣，无权办交涉，当然无权作协定。因诺曾爵四世所能为之事，只有作答书之一法，是以在 1248 年 11 月 22 日作书答拜住（贝尔热辑第 4682 号）。教皇答书略谓使臣来述使命；并谓他本人亦曾遣使者将宗教真理告知拜住与蒙古贵人；对于蒙古人沦于谬误，颇致惋惜，并劝彼等勿再屠杀，尤其是勿杀基督教徒。其后来未作何种新交涉之尝试。阿思凌使事确已告终。他确已失败，在表面上实无从挽回，吾人行将见遣使一事，如何又偕圣类思、安德·龙如美重再发起。

135

※

　　1248 年后，阿思凌与其旧同伴之踪迹，吾人一无所知，仅有流

136 传之说，若一考其来自何处，如何发生，即不难打破，其说同时关系
柏朗嘉宾使团与阿思凌使团。

　　罗克希耳引有瓦丁书之一增订文（《方济各会年记》第三册第
207 页），据云"1248 年 6 月 20 日波兰籍教侣本笃，与同会别一会
士名普兰诺的约翰（John of Plano）者（不可与柏朗嘉宾混为一人）
同致命于波斯之阿儿马洛克（Armaloch）"。[①] 戈尔迭亦谓本笃·
波兰于"1248 年 6 月 20 日在阿力麻里（Al-Maliq）[②] 致命"。乌明
斯基君（第 28 页）亦云："相传教侣本笃甫从蒙古归来，即赴波斯，
于 1248 年 6 月 20 日致命。"科特维茨评论乌明斯基之文，未作断
语，仅引华沙（Varsovie）收藏之《书目录》（Elenchus），以为本笃与
柏朗嘉宾同在 1248 年 3 月 16 日殁于波斯。阿力麻里（Almalïgh）
当然不在波斯，而在俄属土耳其斯坦东北斜米列契（Semiréč'e）州
内。又一方面不可从罗克希耳之臆说，谓于柏朗嘉宾以外别有一
普兰诺的约翰，吾人已有确据证明柏朗嘉宾未重莅东方，实在

----

　　①　见罗克希耳《卢布鲁克行记》前第 26—27 页。罗克希耳推测卢布鲁克如何得
见本笃·波兰行记一说，近于穿凿。卢布鲁克（第 123 页）仅因易服事言及柏朗嘉宾一
次；乃罗克希耳谓易服事仅见本笃·波兰记录，卢布鲁克应已获见其文。然在卢布鲁
克记中，其事之经过在拔都所，而本笃·波兰所言事，乃在昔剌斡耳朵。此事极平常，
发生应不止一次，卢布鲁克得原处闻之也。

　　②　见《中国通史》第二册第 390 页。总之 Al Maliq 写法应误；阿力麻里名称盖由
alma＋ligh 二字构成。

1252 年殁于安迪哇里大主教任内也。

　　错误之传布，要因布佐夫斯基有以致之。当 16 世纪初年，因范珊·薄韦书中柏朗嘉宾、洗满·圣康坦二行记之参杂，致使玛泰·梅胡夫（Mathieu de Miechow）引柏朗嘉宾之文，而题撰者名曰阿思凌；马尔文达在 1627 年虽引柏朗嘉宾之文，而以经行日耳曼、斡罗思之事属诸阿思凌（见前第 76、99—100 页）。迨至布佐夫斯基诸事悉皆混解。他在续编巴罗尼乌斯（Baronius）《教会年记》中（第十三册，1616 年本第 542—543 行；1621 年本第 517—518 行微有异文），1245 年下第十三条，言二方济各会士同多明我会之阿思凌、阿历山、洗满·圣康坦、安伯尔等奉使事，曾云："阿思凌在应受宣教之达达人中，因工作受蔑视而未能开展，遂偕方济各会士若望、本笃进至波斯腹地，为基督尽使者之责，在使偶像崇拜者离脱某崇拜时，为基督受尽了无数苦难，乃至流尽血而献出生命：由那两位同行的殉道者陪伴，他和他们用流血显示了基督徒之虔诚。仅不明他们究系何年享此荣耀，然有一点确知，即是年另有一些杰出的多明我会士也捐弃了生命。"

　　布佐夫斯基除续编《教会年记》外，别遗有巨稿一部，未作最后整理，题曰《圣宣教会年记》（*Annales sacri ordinis FF. Praedicatorum*），凡二册，客提夫同耶沙尔（第二册第 491 页）尚及在雅各修士院见之，我不知其对于前说是否重再提起。

　　此外尚有《波兰宣教会教区史》（*Propago S. Hyacinthi seu Historia provinciae Poloniae ordinis Praedicatorun*）据客提夫同耶沙尔说（第二册第 491 页），此稿业已印行，然我在巴黎未见其本。但是马尔文达常引是稿，而写书题作《波兰宣教会文献》

137

（*Monumenta Praedicatorun Poloniae*），即在此处（第 677 页）获见布佐夫斯基之说，据云：“布佐夫斯基《波兰宣教会文献》曾谓教侣阿思凌偕其波兰籍伴侣进至波斯，因而被害。据马蒂诺·巴隆（Martino Barone）说，克莱蒙特（Claramontanae）之圣母画像上题有传教波斯之宣教会士阿思凌，方济各会士柏朗嘉宾、本笃等名，中有伴侣二人致命。”然马尔文达对于此事怀疑，曾谓所有记述此类使团之书如范册·薄韦、圣安托南等编皆明言方济各会士与多明我会士奉使完毕后，曾还至教皇所。苏埃热在旧本《多明我会年记》（1689 年 6 月下，第 1006—1007 页）中引关系克莱蒙特圣母之文，亦谓题名必不在图画上，而在礼拜堂壁上，其上或绘有真福数人图像；至为宗教而致命之二人，毫无涉及阿思凌伴侣之理由。

言及阿思凌致命事者，布佐夫斯基或非第一人，以前撰作家如塔埃吉者，或已早有斯说。[①] 然其事显然本于一种误解，柏朗嘉宾在旅行中颇“为基督受苦”，阿思凌等亦然。阿思凌等曾赴“波斯”谒拜住，布佐夫斯基同丰塔纳即在此行中谓其致命。参杂诸事，将二使团混而为一，并将后在阿力麻里被害的传教师之事杂于其中。布佐夫斯基之说，毫无可以采录之处。其实阿思凌在 1248 年归来以后即无踪迹可寻。一种朴学必须宁阙勿滥也。

---

① 前此似已有之，盖安德烈·玛和《远东之多明我会传教事业》（1865 年刊第一册第 20—21 页）以为阿思凌还至波斯被害，据谓被害之时，从费迪南多斯（Ferdinandus）说，在 1252 年 6 月 27 日，从丰塔纳说，在 1255 年。关于丰塔纳者，所引之说有误，盖原文从布佐夫斯基说，或采塔埃吉说，位奉使与致命事于 1245 年也。至若费迪南多斯·卡斯蒂罗（Ferdinandus de Castillo），此人曾于 1584 同 1592 年在马德里（Madrid）刊布有《多明我会通史》（*Historia General de Santo Domingo*）两编我今未见其本。顾其人曾采录塔埃吉之稿甚多（客提夫同耶沙尔书第二册第 35 页），并采其中致命事与其年代，亦有其可能也。

第三章　安德·龙如美

前此研究安德·龙如美（André de Longjumeau）1245 至 1247 ¹⁴¹年间之行程，文已甚长，然叙述此东方大传教师之生平事迹，斯其时矣。自本卷首二章发表以来，已越七年，仅就 1245 至 1247 年间旅行一事言之，因有七年间发表之研究，不能不使我将前文若干要节重再提起。

安德·龙如美必因龙如美（Longjumeau）小城而得名，今塞纳-瓦兹（Seine-et-Oise）州科尔贝（Corbeil）县之一乡名也。① 吾人不详其生卒年月，大概生于 1200 年左右。既属多明我会，② 观其 ¹⁴²

---

① 范珊·薄韦书《史鉴》，巴黎国民图书馆藏，编 4898 同 4900 号拉丁文写本第 32 卷第 90 章作 Andreas de Lonciumel（＝Loncjumel）；《法兰西大记》（包灵·巴黎本，第四册第 292 同 302 页）作 Andrieu de Longjumel 同（第四册第 437 页）André de Longjumel；威廉·南吉斯书《法兰西历史汇编》第二十册第 358、367 页）作 Andreas de Lonciumel，而在一法文译本中（第 359 页）讹作 Andrus de Longemel；圣安托南《记事》（第三编，里庸 1587 年刊本第 159 页）中之 Loncinmel 显是 Lonciumel ＝ Loncjumel 之误；《十字军史》，《西方编》第二册第 569 页注作 Andreas de Longiumello；里昂特（Riant）《神圣之遗物》（Exuviae sacrae）第二册第 312 页作 Longogemello。罗克希耳《卢布鲁克行记》前第 27 页）在 1900 年，同毕斯雷《近代地理之开端》第二册第 643 页）在 1901 年所采用之 Longumeau 写法，除不合古今任何写法外，尚有使人误读之病。

② 罗克希耳《卢布鲁克行记》前第 27 页）谓其是一多明我会士，是也，然后（前第 41 页）又误以其为方济各会士；马兰《柏朗嘉宾卢布鲁克行记》（Joann de Plano Karpini, Vil'gelm de Rubruk），圣彼得堡 1911 年本第 213 页始终以其人为方济各会士。

乡里所在,修道之所疑是巴黎圣雅各街之雅各修道院。[①]　今撰其小传最佳者属拉斯图尔君,[②]据云安德"曾从事于东方语言之研求,以备劝化异教徒之用",似承认研求之所即是巴黎修道院;屠隆1743年之说则以为安德·龙如美早莅圣地,"必与真福儒尔丹·萨克思(Jourdain de Saxe)于1228年从巴黎遣派之人相随"。由是"有学习东方语言机会";新本《多明我会年记》(里庸1898年刊本,八月下,第二编第519页)采屠隆说,而微有变改;夏普坦(P. Chapotin)神甫(第123页)对于此说完全肯定。然此皆纯粹臆想;吾人对于教侣安德事迹,在其或者参加圣类思在位时之一大事以前,毫无所知,此大事即莿冠之移交是已。

　　1238年孔士坦丁堡帝博丹二世(Baudoin Ⅱ)在巴黎时,曾向圣类思言,愿将莿冠让与。时圣类思遣骑尉一人外,又遣多明我会士二人赴孔士坦丁堡;会士二人,一名雅各(Jacques),先在孔士坦丁堡任多明我会修道院院长,熟知莿冠;[③]别一人名安德(André),

---

　　① 夏普坦(《法国教区多明我会史》[_Hist. des Dominicains de la province de France_],鲁昂[Rouen]1898年本第6页)谓称"传说",安德·龙如美在1218年曾为圣雅各多明我会侨居地首批人员之一人;此说在年代方面纯出臆揣,而在十七八世纪中之撰作若旧本《多明我会年记》(8月11日下,第958页),客提夫同耶沙尔书(第一册第140—141页),或屠隆书(《名人传》第一册第157页)等编中皆无相类之说也。约翰·萨拉森(Jean Sarrasin)之1249年6月23日信札名安德·龙如美曰"圣雅各会之教侣Andrieu",然所谓"圣雅各会",盖为"多明我会"之同名异称。

　　② 博德里拉尔特主教主编之《教会史地词典》第二册第1677—1681行。

　　③ 桑城大主教葛选·科尔奴特(Gautier de Cornut)所撰《莿冠领受史》(_l'Historia susceptionis Corone spince_)(参考里昂特《神圣之遗物》第一册第51页)中之Jacobus,只能指此人;拉斯图尔君名其人曰Guillaume,只能为一种疏误。安大奈君(《方济各会士奉使记》[_Die Dominikanermissionen_]第二编)谓教侣雅各于1238年曾为孔士坦丁堡修道院院长。第据葛选本文,1238年雅各已在法国,则任孔士坦丁堡修道院院长事,应位之于此时以前之一未详时代。

前人始终考订其人为安德・龙如美，似乎不误。[①] 据屠隆说安
德・龙如美时在巴黎，适偕教侣雅各从东方归来，此说纯出推测，
盖吾人不知安德・龙如美于 1238 至 1239 年间奉使以前是否曾莅
东方也。

此二多明我会士同骑尉抵孔士坦丁堡后，获知帝国诸摄政员
已向物搦齐亚人（Vénitiens）借款，用荆冠作抵押。彼等遂偕东罗
马人、物搦齐亚人等同赴物搦齐亚，既至，留教侣安德看守荆冠，教
侣雅各偕东罗马人同赴巴黎，请命国王，领取必要经费赎回此冠。
事毕，使者奉荆冠首途，1239 年 8 月 10 日或 11 日，圣类思迎之于
桑城境之维尔纳夫-拉什维克（Villeneuve-l'Archevêque）城；8 月
18 日或 19 日迎至巴黎。[②]

若承认教侣雅各之修道院院长地位，同其对于孔士坦丁堡之
认识，可以预想其在此次使命中所执之任务，较教侣安德为重要；
葛迭所记表示诚如是也。至若孔士坦丁堡诸贵人 1238 年 12 月信
札之次序，首安德，次雅各，又次尼古劳斯・索雷洛（Nicolaus de

144

---

　　① 葛迭书（《神圣之遗物》第一册第 51、53 页）仅名之曰 Andreas，在与是编寓有
关系诸文中（同书第二册第 39、40、246—247 页）同孔士坦丁堡诸贵人 1238 年 12 月信
札中（同书第二册第 122 页）亦然。此安德曾经苏埃热神甫书，客提夫大同耶沙尔书，屠
隆神甫书，无条件地承认为安德・龙如美。总之其人是一多明我会士，显是法国人而
名安德；安德・龙如美固合此类条件，然其他未为人识的多明我会士而名安德者，亦有
合乎此类条件者也。第因安德・龙如美确在 1245 年经因诺曾爵四世遗使东方，嗣后
于 1248 年曾与圣类思同在失普勒岛，最后圣类思在突尼斯（Tunis）弥留时，尚呼其名，
足证其与东方关系密切，而得法国国王信任，则从前与 1238 至 1239 年间之奉使，或与
之寓有关系也；由此类事，至少在或能性方面，可以证明 1238 至 1239 年间之教侣安德
与安德・龙如美同为一人。
　　② 关于此类年月者，可参看梅利（M. de Mély）君之讨论，见《神圣之遗物》。第三
册（1904）第 270—274 页。

Sorello)我以为无须重视。①

※

　　蒭冠移交后六年,安德·龙如美重赴东方,此次非出法国国王
派遣,乃由教皇因诺曾爵四世任命。是即前此研究之 1245 至
1247 年间之旅行。② 然我的研究发表之时,狄斯朗主教同时在本
杂志中(第 24 卷,1924 年刊第 336—353 页)发表一篇要文,题曰
《方济各会士多明尼克·阿拉贡之奉使东方(1245—1247)》(*La
légation en Orient du Franciscain Dominique d'Aragon*,1245—
1247)。此文第一篇脱稿于 1924 年 4 月,狄斯朗主教在篇末根据
戈鲁波维次神甫之结论,以为因诺曾爵四世在位第四年信札中保
存之西利亚诸阿剌璧王来文六件,同在位第三年信札中登记之埃
及算端信札一件,皆与一种方济各会使团具有关系;以为诸札皆由
方济各会士多明尼克·阿拉贡携还,而此会士之行程大致可考。
狄斯朗主教当时应已见安大奈书,安大奈君以为携回西利亚诸王
信札者,得为多明我会士,尤得为安德·龙如美;狄斯朗主教虽承
认若干论证之有力,然仍维持前说,第用假说名目而已;其结论云:

145

―――――――――――

　　① 夏普坦神甫(第 308—309 页)之说则反是,以为安德·龙如美用教侣雅各为
副;然此并不本于 1238 年 12 月信札;盖因安德后来之著名,而教侣雅各为人不识,取屠
隆之说扩而张之而已。

　　② 拉斯图尔君谓 1244 年 3 月 22 日教敕,系致安德·龙如美,而安德因于是年重
赴东方一说,我以为无足取,业已说明其理由矣;安大奈君(第 53 页)所得结论与我不
谋而合。然万嘉德(Van Den Wyngaert)神甫(《入华方济各会士传》[*Sinica
Franciscana*]第一册第 207 页)仍采拉斯图尔君说。

"吾人除所知外，不可遽下断语；阿剌壁诸王信札，经多明尼克携回，事有可能；第所携回者，亦得仅限于 1246 年大马司、客剌（Kérak）、开罗等地信札；反之若谓安德·龙如美曾将阿剌壁信札七件，同东方诸掌教信札五件一并携回，似不可能。

　　就事实言，狄斯朗主教对于安大奈君之说，有一部分误解；安大奈君仅言多明我会士安德·龙如美携回东方诸掌教信札五件，然以西利亚诸王信札同埃及算端信札，经其他诸使携回，仅断言巴阿勒伯克、弘斯两王信札与多明我会士有其关系。此外毫无将算端 1246 年 5 月 25 日信札加入之理由，盖此札登记于在位第三年之信札内，至若西利亚诸王六札，咸在在位第四年信札内也。[①] 但除此埃及算端信札外，我曾主张东方诸掌教五札同西利亚诸王六札皆由安德·龙如美携回。则应审查我的答解是否可以抵抗狄斯朗主教的异议。

　　我应立即说明者，狄斯朗主教仅将其异议一部分维持。自本卷前二章之文发表以后，他在 1926 年 8 月 31 日作书告我，已将关于多明尼克·阿拉贡之假说抛弃，自是以后承认携回巴阿勒伯克、弘斯两地阿剌壁王来札五件者，亦是多明我会士安德·龙如美；然因行程与气候，颇难承认"大马司、客剌等地之信札"，亦经同一使者之手。

146

----

　　①　埃及算端此札作于 1246 年 5 月 25 日，而算端当时在开罗，不在大马司，仅于 1247 年二三月间赴其地（参看伯劳舍本《麦克里奇埃及史》第 501 页）；则狄斯朗主教所推测的诸教士在 1246 年 5 月留居大马司一事应该删除。此外又随戈鲁波维次神甫后，将六札中一札属埃及算端，遂不能不留给使者白哈剌赴开罗之时间，由是假拟此阿剌壁文信札之拉丁文译本年月讹误，而原札已佚；然此札我以为非出埃及算端手，乃其统将法合鲁丁作于哈剌境内（见前第 30 页），而其年月确实不误也。

狄斯朗主教 1926 年 8 月 31 日来翰所持之说如下:[①]"我始终引以为苦者,即是地理:君假拟使团已从客剌进至美索波塔米亚,当然经过沙碛,盖阿剌壁诸王不欲使之假道而赴蒙古人所,势须避免其监视。我曾偕詹森(Janssen)同萨维格纳克(Savignac)神甫旅行客剌东北——今日通行耶路撒冷—报达之汽车经过此地——然去时吾人不得不选择春季,俾能随时在若干孔穴中得见留存之雨水。畜群只能在此季经过此地,吾人在途十一日未曾浣洗,革囊中仅贮少水以供必需之用。然安德在四月秒经此,则适当干涸最甚之时矣。我以为其事似不可能,若其遵 1245 至 1246 年多明尼克赴霍姆-卡拉(Hrom-Kla)之道途进至额弗剌特(Euphrate)河上,复由此抵蒙古人所,则无困难矣。"

147

"册籍中文件之集合,不能遽信其必是同时到达。吾人不应忘者,册籍所包括之文件,大体只有教廷机关交下之信札。在事实上,我不信多有例外;此类信札之所以集合者,得因其在同时翻译。玛泰·巴黎业经证明教廷机关已有译人。教皇为保存计而命登记入册,或在译文呈递以后,或在本人利用已毕之时,或在命作答以后……"

兹为讨论之明了,首先审察来翰之第二段。狄斯朗主教欲将阿剌壁诸王来文区别,前已言之,虽以东方诸掌教之五札,同巴阿勒伯克、弘斯二王来文四件经安德·龙如美携回,然以"大马司、客剌等地之信札由其使团转达。此"等"字中,狄斯朗主教显将 1246

---

① 狄斯朗主教在一私人信札中对我表示此种异议;我因其重要故为发表;第若狄斯朗主教获知对此问题有一专文发表,其结论在若干点上或者微有不同,则其异议并不使之受拘束也。

年 8 月 6 日至 15 日之一札包括在内，是即戈鲁波维次神甫以属埃及算端之信札也；然我前已言及此札非埃及算端手笔，乃其属将一人之致书，应写于哈剌境内，与哈剌王本人同时书写之信札情形相同；由是观之，此二信札当然交付同一使者之手。至若"大马司"信札，实为开罗信札，前已言之。当然不能谓由安德・龙如美携归，而且不再列入在位第四年的西利亚诸王六札同东方掌教五札之内，然另外登记，并与其年月相合，质言之，列入在位第三年信札之中。无论狄斯朗主教立说之理想的可能性为何，吾人既见西利亚诸王来文六件同东方诸掌教来文五件并是 1245 同 1246 年信札，然皆登记入 1247 年中信札之内，而又一方面，狄斯朗主教现采余说，承认阿剌壁诸王四札同东方诸掌教五札皆由 1247 年中回到罗马的安德・龙如美携回，则十一札中之末二札，即 1246 年 8 月 6 日至 15 日间在哈剌境内所写之二札，并由同一使团携归，极有其可能也。

　　尚余行程问题。狄斯朗主教以为安德・龙如美从霍姆-卡拉赴额弗剌特，如 1245 至 1246 年间多明尼克・阿拉贡之行程，并由此东行而抵蒙古人占领区域，其事则较易。然吾人应思及者，赴蒙古人所——多明尼克・阿拉贡即未至其地——为事非易，盖阿思凌在 1245 年 3 月，或最晚 7 月，从里庸首途，晚至 1247 年 5 月始绕道梯弗利思而抵外高加索东部蒙古营帐。所余者在盛夏中从死海东北行经过西利亚沙碛，而抵美索波塔米亚一事。狄斯朗主教根据其本人旅行经验所提出之异议，我以为证据确凿，似难非驳，然安德・龙如美之行程，实无经行沙碛之必要。使团首先谋取道巴阿勒伯克，既被拒绝，送至弘斯，亦难符所望。假如哈剌二札亦由同一使团携回,如我所固信,吾人则应承认安德·龙如美当时曾赴死海之南。然彼亦见及当时季候不宜通过沙碛,遂又北行,重再图谋。事之确定者,在此处抑在彼处,安德·龙如美终能通过,盖其后吾人知其曾莅毛夕里与帖必力思也。

149　　　我对此 1245 至 1247 年间之行程,似无庸再言,但是前此计算行程期间,偶有疏误,晚在其文刊布以后始行检出,兹不得不更正如下。

　　吾人据玛泰·巴黎书,知安德·龙如美之行程自阿迦至安都十日;自安都至阿勒波二日;自阿勒波至毛夕里十六日;自毛夕里至帖必力思十七日;共行四十五日;我曾说明是为安德·龙如美归途之行程。此外范珊·薄韦书所录洗满·圣康坦行记,谓 1247 年阿思凌自习仙思至阿迦,凡行五十九日;顾阿思凌等归时经过帖必力思,此书所录者应为归程,此一行程较前一行程多十四日,应代表帖必力思、习仙思两地之距离;我在第 132 页所言如是,并无讹误。然在第 104 页说明考订习仙思即为 1254 至 1255 年间阿美尼亚国王海屯一世行程中的息西安之理由时,我误云所余帖必力思、习仙思间之行期有二十四日(应作十四日),而与海屯一世之帖必力思赴息西安之行期二十六日共比较。我以为习仙思同息西安必为一地无疑,则应对此十四日同二十六日之差别,应求何种解说。第一假说则在承认阿思凌使团在帖必力思、阿迦两地中间之行程中少算十日或十二日,第二假说则在假拟范珊·薄韦书"五十九"为"四十九"之误。然我现在对此二说皆不采取。习仙思或息西安虽未明白考订为何地,拜住营帐必在外高加索东部阿剌思河北。

既位置于此帖必力思、习仙思间之距离,不得超过阿勒波、毛夕里间或毛夕里、帖必力思间之距离也。由此观之,我宁以海屯一世行 150 记中帖必力思、息西安间行程"二十六日"为"十六日"之误。①

※

安德·龙如美奉使归来时,在 1247 年春季,至迟亦在夏初。②然在里庸,并在法国,未能久侍因诺曾爵四世左右。圣类思在 1244 年提倡十字军,自 1245 年以来即在法国宣传;此王子 1248 151

---

① 亦可主张阿美尼亚国王随从既众,行程或较诸教士为缓。他从窝勒伽赴哈剌和林之行程,较之卢布鲁克从哈剌和林赴窝勒伽之行期加倍,可以例已。

② 据玛泰·巴黎书(《广记》第四册第 607—608 页),圣类思在 1247 年封斋节左右,质言之,在二三月间,接得"达达国王"来书一件,命其归附。其文不易解释。缪萨曾注意及之(《交际录》第 42—43 页),业经寻究此书是否为拜住来札。然与拜住开始发生关系者,乃阿思凌使团,而此使团于 1247 年 5 月 24 日抵拜住营,7 月 25 日离去,仅在 1248 年夏季还至欧洲。此外又因年月相差,柏朗嘉宾亦不成问题,1247 年 10 月 4 日他尚在苦伦。若安德·龙如美承认其在 1247 年封斋节内归来,则其行程不应逾帖必力思以外,必未能见拜住,似又不能将蒙古人致教皇或致诸国王之信札携回。玛泰·巴黎记述当时圣类思所持之态度固甚详,然对于其事知之亦不甚审。最简单之说或者可以假拟玛泰·巴黎误记一年,疑是 1248 年初封斋节之事,是年封斋节始 3 月 10 日迄 4 月 19 日,圣类思得在是时获见"达达国王"之来书;然则为贵由 1246 年 11 月 11 日之答书矣。前此已言此书盖为一种命令归附的圣旨,不仅专致教皇,而且遍谕诸国国王。按柏朗嘉宾在 1248 年初已被因诺曾爵四世遣赴圣类思所,是年三月已至桑城,或者乘此机会将贵由答书通知圣类思,圣类思遂与诸臣计议。总之玛泰·巴黎记述之文与贵由答书内容极为相符。关于 1248 年初柏朗嘉宾奉使至巴黎一事,可参看贝尔热《圣类思与因诺曾四世》(*Saint Louis et Innocent IV*),见《因诺曾爵四世册籍》卷首第 126—127 页(或单行本第 172—173 页);乌明斯基(*Niebezpieczeństwo*)第 133—139 页;巴顿(A. Batton)《卢布鲁克》(*Wilhelm von Rubruk*)蒙斯特(Münster)1921 年刊本第 19 页;《入华方济各会士传》第一册第 5 页注十。至若罗克希耳(《卢布鲁克行记》前第 26 页)假拟本笃·波兰同至巴黎一说,毫无根据。

年 8 月 25 日在埃格-莫特(Aigues-Mortes)登舟,8 月 28 日放洋,9
月 17 日抵失普勒岛之利马索尔港。他与吕西尼昂的亨利一世
(Henri I de Lusignan)同驻尼古习(Nicosie);应在 1249 年 5 月 13 日
赴埃及。即在此法兰西国王驻在失普勒岛时吾人复闻安德·龙如
美消息。吾人要本约因维尔(Joinville)《记录》、奥登·沙多鲁
1249 年 3 月 31 日信札、约翰·萨拉森致尼古拉·阿罗德(Nicolas
Arrode)1249 年 6 月 23 日信札、范珊·薄韦书、玛泰·巴黎书、威
廉·南吉斯书、《法兰西大记》等篇获知其事。

　　圣类思在尼古习甫三月,1248 年 11 月 14 日有真伪不明之蒙
古使者在岛北之赛里内斯(Cérines)地方登岸,12 月 19 日至尼古
习;20 日适为星期日,经圣类思接见,使者递其主来书一件,同日,
国王聚集群臣询问教廷公使奥登·沙多鲁与教长数人久之。[①] 诸
考据家多以使者为伪,盖微受蒙哥在 1254 年告卢布鲁克语之影
响;缪萨虽认使者为真,然以呈递之书翰为使者所伪造。然则必须
详审之。

　　蒙古使者二人,其名已具递书时立时翻译之译本。此书译本
152　附见今日仅存奥登·沙多鲁信札之唯一写本中,前一使者号称“我
们忠实可敬的使者”,名称“Sabeldin Monfac David”;后一使者名

---

　　① 此类细节仅见奥登·沙多鲁上教皇书,其书作于 1249 年 3 月 31 日,已详前
说,此书今仅写本一件传世,现藏巴黎国民图书馆,拉丁文本编 3768 号,其文见第 76—
81 页;我据阿什里(Achery)本《拾遗》(*Spicilegium*)第二版第三册(1723)第 624—628
页之文,然曾用写本校勘,其他诸源仅谓蒙古使者于降诞节前后到达。缪萨《交际录》
第 46 页将使者登岸同入尼古习城混为一事,以登岸事在 12 月 19 日。霍渥斯(第三册
第 77 页)从缪萨说。

称"Marchus"；二人皆自称奉基督教，而其乡里在距毛夕里
"Moyssac sive Mussula（＝Mossoul）"二日程之一村中。[①] 其他来
源或本奥登·沙多鲁信札，或本圣类思寄给太后不朗失之译本。[②]
因是范珊·薄韦书（第 32 卷第 91 章）作"Sabeldim Mousfat 153
David"；威廉·南吉斯书（《历史汇编》第二十册第 360 页）作
"Sabeldim Mouffath David"；玛泰·巴黎《广记·补编》（卢亚德本

---

　　① 有若干撰作家将此名三字点断（例如勒里希《十字军史之研究》［*Kleine
Studien zur Gesch. der Kreuzzüge*］第 26 页；《耶路撒冷王国史》［*Gesch. d. Königreiche
Jérusalem*］第 877 页；安大奈书第 132 页），遂误以蒙古使者共有四人；察恩克（《长老若
翰》第 79 页）疑而未决；巴顿神甫（《卢布鲁克》第 12 页）明白主张仅有二人。使者当然
携有随从人员，用二人领衔，已有先例，如随同阿思凌赴罗马之拜住使者爱别吉、薛儿
吉思是已。"Moyssac sive Mussula"地名重见范珊·薄韦书第 32 卷第 93 章，则在接见
时之记事录中必已著录。乔瓦尼·索朗佐（Giovanni Soranzo）《教廷、基督教欧洲与达
达》（*Il Papato ,l'Europa Cristiana e i Tartari*）（以下简称《教廷》）米兰 1930 年本第
129 页重提到蒙古使臣四人的问题。此巨编出版时适当本卷付印之际，我只能摘举若
干事补载于注中。

　　② 若不将各书所本之源详细研寻，而欲决定其所采之"达达国王"书是直接或间
接本于奥登·沙多鲁信札，抑是本于寄给太后不朗失之抄本，其事甚难。范珊·薄韦
（第 32 卷第 91 章）转录此书同大将军三拔书时，曾明言奥登·沙多鲁上书因诺曾爵四
世事，或者即采其文于奥登·沙多鲁；两文皆写以拉丁语，内容大致相同。威廉·南
吉斯所本者疑是范珊·薄韦书。《法兰西大记》之法文译本亦是译自范珊·薄韦之拉
丁文本。反之，玛泰·巴黎所保存编辑殊异的法文本，所据者乃是寄给太后之抄本；范
珊·薄韦两言寄送此本事（第 32 卷第 90 同第 94 章）；据范珊·薄韦说同其后《法兰西
大记》之说，寄给太后之译本是拉丁文本，而非法文本；则吾人所见玛泰·巴黎之法文
译本应在法国翻译。此外范珊·薄韦（第 32 卷第 94 章）并谓圣类思"达达国王"书于
太后时，附有安德·龙如美奉使初所写信札之抄本。此事可考其年月应在 1249 年 3 月
中，圣类思寄给太后书似与奥登·沙多鲁致教皇书同时寄发，而后一书盖写于 1249 年 3
月 31 日也；是亦提勒蒙（Nain de Tillemont）《圣类思传》（*Vie de Saint Louis*），第三册第
228 页所持之说。

第六册第 164 页）作"Saphadin Mephat Davi"；[1]《圣鲁得伯特塞里斯堡年记》（*Ann. S. Rudberti Salisburg.*）（《日耳曼历史资料·历史著作》第 9 卷第 790 页）作"Salbotum Monfat David"（别作"Salbotam Monfath David"）；《法兰西大记》（第四册第 295 页）作"David，Marc et Olphac"，有时作"Marc et Alphac"。第一字几可确定是赛甫丁（Saīfu-'d-Dīn），而其全名似是赛甫丁·木偰非·倒的（Saīfu-'d-Dīn Muzaffar Daūd），犹言"信仰之剑，得胜者，倒的（David）"；其人应是毛夕里地方之人，说阿剌壁语，而信奉聂思脱里派之基督教。[2] 其同教同乡里之"Marchus"或"Marcus"，当然是一马儿古思（Markus、Marc）。

154

遣派倒的、马儿古思的"达达国王"名称，在同一撰者等诸写本中，写法亦甚殊异。奥登·沙多鲁信札历用"Erchalchai""Archelcan""Elchalchai""Elchelchai""Elchelcai"种种写法。范珊·薄韦书诸写本则从"Ercalthay"而抵于"Elcheltay"，然第二字母用-r-之例为最多。威廉·南吉斯书写作"Ercalthay"。包灵·巴黎在《法兰西大记》中悉写作"Eschartay"，而未引证异文。玛

---

① 玛泰·巴黎所本者是法文译本之一抄本；太后在 1249 年致书英吉利国王告以攻取杜姆亚特（Damiette）事时，或者附有此书抄本一件，致英王书，玛泰·巴黎录有拉丁文本。玛泰·巴黎殆因此事误以蒙文使者谒圣类思于杜姆亚特；此种误会亦得因误解约翰·萨拉森信札也。

② 用"Sabeddin"或"Saphadin"译写赛甫丁名称之例，尚有"Safadin"写法可供参考，此乃十字军人所写撒剌丁（Saladin）弟赛甫丁之名。有一基督教徒"Sabadin"曾随把儿骚马（Bar-Çauma）于 1287 至 1288 年间赴欧洲（沙波《掌教雅巴剌哈三世传》索引第 274 页）。此类例证可引者尚复甚多。世人可以思及"Sabeldin"等类名称之原名得为 Saīfu-'d-Dīn，惟此名较之赛甫丁不甚习用。索朗佐《教廷》第 128 同 599 页谓倒的疑是一"西利亚之犹太教徒"；然其人实为基督教徒，业已证明也。

泰·巴黎写作"Achatay"。约翰·萨拉森信札作"Elcheltay"。我以为无疑地皆应读作"Elcheltay"，是即世人久已认识的宴只吉带之同名异写，[①]质言之，即吾人在范珊·薄韦书记阿思凌奉使事中所见之 Angutha（见前第 117 页），而于 1247 年 7 月 17 日行抵外高加索东部拜住营帐者也。其使者既在赛里内斯登岸，疑从亚历山大勒达（Alexandrette）湾来，而不由安都。

　　圣类思于 1248 年 9 月 17 日在利马索尔登岸，而使者则于 12 月 14 日在赛里内斯登岸。然则在未满三个月内，不但圣类思到达之消息传至大陆，并经过安德·龙如美、阿思凌所计自海岸达外高加索蒙古营帐五十日之行程，而且宴只吉带尚有决定遣使之时间，

---

　　① 但有例外，虽在最近时代亦然。18 世纪时阿塞曼尼视 Ercalthay 为大臣哈答（Qadaq）（参看《东方丛书》第三册第二编第 480 页）。乌明斯基（第 117 页）曾言及此同一 Ercalthay 业经屈尔布考订为阿儿浑阿合，古伯纳提斯（De Gubernatis）考订为撒儿塔黑（Sartaq），希勒格（《十三世纪方济各会士之蒙古行记》第 44 页）考订为"波斯汗 Erchaltai"，而布勒伊埃君（《中世纪之教会与东方……十字军》第三版第 222 页）以为倒的递呈圣类思者，乃是大汗贵由来书。勒里希（《十字军史之研究》柏林 1890 年本第 16 页）虽知使者是由宴只吉带遣派，然以所递者为贵由来书。此类误会，我只能以误解书冒头解释之。莱昂·卡宏（Leon Cahun）书《亚细亚史导言》[*Introduction à l'histoire de l'Asie*]第 391—392 页）始终肤浅，而具有小说兴味者也，亦以为使者是由大汗贵由遣派，而责圣类思不知利用"中国皇帝"提出之"坚固联盟"；此外他并将安德·龙如美使节（惟未举安德之名）与卢布鲁克使节混而为一（此类误会今尚有之，见科姆罗夫[Komroff]《马可·波罗的同时代的人》（*Contemporaries of Marco Polo*）（第 18 页，及梅利[F. de Mély]《论黄河里的佩格里黑石》[*De Périgueux au Fleuve Jaune*]，巴黎 1927 年刊四开本第 33 页）。屈尔布固将 Ercalthay 考订为阿儿浑阿合，然将洗满·圣康坦记中之 Angutha 识为宴只吉带。里施（Fr. Risch）君之《柏朗嘉宾行记》（*Johann de Plano Carpini*）译本（来比锡 1930 年本）甚佳，所持之说适与前说相反，视 Angutha 为阿儿浑阿合，而改其名为 Auguca（第 32 页），当然以 Ercathay 为宴只吉带；我不信其具有理由；阿儿浑阿合于贵由在位时管理波斯中部与东部民政，然波斯西北之地以及西利亚、小亚细亚等地皆属宴只吉带管理；里施君本人所译把儿赫不烈思之文（第 337 页）即足证明矣。

其使者除陆行达于海岸外,尚及从大陆渡海峡而至失普勒岛。当时西利亚之伊斯兰教徒曾用传书鸽,已使十字军惊异,然我不信蒙古人在此时代亦曾用之。世人当然可以假拟宴只吉带营帐,较之阿思凌所见拜住营帐距海较近,此点后此别有说。然有一事未经世人注意,而足领导吾人转向别方寻究者:宴只吉带信札所具年月是回历正月(muharram)下旬,[1]此月下旬大致可当 1248 年 5 月 15 日至 24 日,此时不特圣类思未抵失普勒岛,而且下距放洋时三月有余,当时尚在巴黎,惟在 6 月 12 日始首途也。

　　如果使者同信札皆真,则势须承认或是宴只吉带闻知圣类思发动十字军计划以后,曾预先遣派使者,或是法国国王尚未首途而宴只吉带误信人言谓其已至。范珊·薄韦书(第 32 卷第 90 章)似可参证前说,盖其谓倒的、马儿古思曾言宴只吉带闻人言法兰西国王应抵失普勒岛。至若《法兰西大记》(第四册第 293 页)谓使者曾言其主已闻法兰西国王现在失普勒岛一说,吾人不难承认其为是编不少谬误之一种。[2]第若承认宴只吉带作书时,已信法兰西国王业经登陆,则其信札中有一段解说较为自然,其文后此述之。复次据奥登·沙多鲁说,——是亦范珊·薄韦逐步追随之说,——曾

----

① 此 muharram 一字在奥登·沙多鲁信札中不误;他书多误,所以考订年月多不确实。只有提勒蒙《圣类思传》第三册第 225 页独见及此难题;然未经世人注意。

② 《法兰西大记》(第四册第 298 页)以为大将军三拔之 1248 年 2 月 7 日信札曾言教皇使者,质言之,柏朗嘉宾向"迭屑(Tharse)国王"要求入教并询缘其何大肆屠杀之时,本人适在王帐。案三拔仅在 1247 年离阿美尼亚,而柏朗嘉宾莅哈剌和林时,乃 1246 年夏间事。其实三拔信札之拉丁文本见于奥登·沙多鲁信札同范珊·薄韦书者,表示三拔仅闻贵由接见柏朗嘉宾,而三拔本人适在自阿美尼亚赴哈剌和林之途中,仅抵撒麻耳干也(见前第 130—131 页)。不意对于三拔行程之同一误会并见把儿赫不烈思书中(参看里施《柏朗嘉宾行记》第 326 页)。

有人询问使者，其主如何得知法兰西国王抵此。使者答称盖因毛夕里算端上大汗书获知其事；毛夕里算端在诸书中告蒙古帝，谓巴比伦（Babylone）算端，质言之，埃及算端，曾致书于毛夕里算端，告以法兰西国王登陆消息，并伪称彼已捕获法兰西国王海舟六十艘，此詧言之目的盖欲毛夕里算端生畏而不敢与富浪人结盟共图埃及。

末一说既经二中间人传述，由是时代必较更远，我以为未可深信。蒙古使者曾作不少无根据的妄言，后此可以见之。总之，我以为宴只吉带预先遣派使者一说，似较近真相。

此说含蓄有宴只吉带详悉基督教国消息之意。不能谓其得之于拜住的使者，盖爱别吉、薛儿吉思二人 1248 年 11 月 22 月尚在罗马也（参见前 135 页）。顾当阿思凌等抵拜住营帐时，拜住之 egyp 或主要幕僚，以及诸属官同译人，曾向诸教士详细巧妙探询富浪人是否尚来西利亚（参见前 111 页）。[①] 既有此种调查，应可承认宴只吉带业已预知圣类思登陆计划，或至西利亚，或至失普勒，特预先遣使往谒；使者既知圣类思驻在之地，遂赴失普勒见之。

158

---

　　① 1924 年时，未能考订此 egyp 之义。佩特斯（Peeters）神甫 1927 年 2 月 27 日来书，示我以显明的答解，盖即阿剌壁字 hājib，犹言"宫内侍从官"，波斯语亦用之，与 Pärdähdär 同义（沃勒斯书第一册第 610 页，关于末一字者，可参看伊本·巴图他书，德夫莱麦利（Defrémery）本第四册第 297 页）。同一答解并经里施君（《柏朗嘉宾行记》第 32 页）单独提出。此 hājib 字早已转入喀什噶尔（Kāšghar）之突厥语中，1069 年之 Qutadghu bilig 用畏吾儿文写作 ajïb，其中著录之 ulugh ajïb 训作"大臣"，qas ajïb（hass hājib）训作"秘书"，参看拉德罗夫字典第一册第 524 页。最后我始检出用 hājib 解说 egyp 者，已早见 1825 年雅兹科夫（Yazykov）之《达达旅行全集》（*Sobranie puteshestvii k Tataram*）第一册第 295 页著录。

据范珊·薄韦书(第 32 卷第 90 章),蒙古统将使者至尼古习,呈递所赍信札时,在场诸人中有宣教会士安德·龙如美,认识主要使者倒的,前在达达军中所见之旧识也。此说不见于奥登·沙多鲁信札,然经约翰·萨拉森 1249 年 6 月 23 日信札证实:"国王命圣雅各会士安德往见使者。使者等一见而识其人,安德亦然,彼此皆旧识也。"[①]吾人今日所知安德·龙如美 1245 至 1247 年间旅行事尚详,见此二人之地,可得言也。是即安德·龙如美自阿迦行四十五站遇见蒙古军一大队之地,而我前已说明应位置其地于帖必力思。安德·龙如美在 1245 年虽奉命往使"达达国王"所,要可确定者,其足迹不仅未至哈剌和林,并且未莅阿剌思河北拜住夏日营帐。似此多明我会士与其同伴在帖必力思遇见拜住军之前锋,或以因诺曾爵四世致"达达国王"书付之;教皇训令仅限于此,并不强其东行,观柏朗嘉宾同阿思凌之例可以证之。[②] 安德·龙如美此时固与倒的,或者并与马儿古思发生充分关系,而在后来重识其一人或二人于失普勒岛,然不得谓倒的或马儿古思为军将,此类毛夕里之聂思脱里派教徒,必在占领波斯西北的蒙古军中任书记或译人,是以安德·龙如美于 1246 年下半年中遇见蒙古军前锋时,与之发生尚属密切的关系。

159

160

---

① 若据此文,安德·龙如美所识者应是二使者,不仅倒的一人而已。

② 假如安德·龙如美在 1246 年秒进至拜住营帐,则谓阿思凌等次年莅此时对于此事毫无所知,似乎不近真相。又似拜住阿思凌使团前未见因诺曾爵四世致"达达国王"书;顾安德·龙如美所赍信札应与柏朗嘉宾、阿思凌等同,质言之,1245 年 3 月 5 日信札同 1245 年 3 月 5 日或 13 日信札,则此类信札留存于一前锋队长之手而来转达之理,不可知也。玛泰·巴黎谓安德·龙如美曾言一军有 30 万骑(见前第 55—56 页),盖指占领波斯西北之蒙古军全数,与距此五月程,质言之蒙古本土,大汗军队相对言也。

奥登·沙多鲁上因诺曾爵四世书，特别声明倒的、马儿古思呈递之书系用"波斯语"，而写以"阿剌壁文字"，范珊·薄韦书（第32卷第90章）记载亦同。奥登·沙多鲁并云国王命人逐字翻译，范珊·薄韦语亦同，并两次明言曾将此书译为拉丁语。证据明确，无可疑也。则当玛泰·巴黎转录法兰西语译文而谓其从"迦勒典语"译出时，势应承认所谓"迦勒典语"应指波斯语，一如安大奈君之说（第133页），而此法文本应在法国根据拉丁文本翻译也。至若在尼古习译波斯语为拉丁语之译人，奥登·沙多鲁与范珊·薄韦皆未明指为何人，惟范珊·薄韦在前句中著录有安德·龙如美名，其意中似以其为译。总之，威廉·南吉斯书（《历史汇编》第二十册第358—359页）同《法兰西大记》（第四册第293页）则明指译人为此多明我会士。据玛泰·巴黎书，知教侣安德谙悉"阿剌壁语同迦勒典语"，质言之，阿剌壁语同波斯语。此外据约翰·萨拉森信札，国王接见蒙古使者时，安德·龙如美曾任译人。惟难言者，当时谈话，系用来书所用之波斯语，抑用毛夕里聂思脱里派教徒运用较为自然的阿剌壁语，安德·龙如美对此两种语言皆谙悉也。

兹将宴只吉带来书之拉丁文译本转录于下：

> 至尊上苍之圣威，普天下之王合罕之福荫，宴只吉带致书，向掌管许多省区的大王、世界之坚强保卫者、基督教之剑、圣洗礼之胜利、教会之荣冠、教法之维护者、王子、法兰西王（愿上苍扩大他的辖地，让他永葆王权，使他的意志永远体现在法律中，人世间，不仅是现在，而且在将来，以全体众生、全体僧侣、全体宗徒之神圣带领者之真理的名义，阿门！）致以无数遍的问候和祝福。请他接受这些祝愿，得到他的宠爱。

161

162

感谢上苍,我知尊严的国王业经登陆,愿至高的创造主促成我们亲切会见,以使我们联合起来。除了祝愿之外,他从信中还会知道,我们遵照主的意愿,唯一关心的是基督教会的利益,使各基督教国王的权力得以巩固,此外别无他求。我求上苍恩赐基督教世界诸国王的军队以胜利,让他们战胜那些蔑视十字架的敌人。我们由尊贵的王那里(上苍使他尊贵),受贵由之遣(愿上苍使他更加强大),带着权力和委命前来,以使全体基督教徒摆脱奴役、赋税、差遣、劳役和同化,获得自由,享受荣誉,受人尊敬,财产不被他人窃取,废弃的教堂得以恢复,禁令被废除,不再有人敢于禁止你们以安详和欣悦之心情为我们的国家祈祷。我们此时前来完全是为了基督教徒的利益和安全,愿上苍保佑。我们派遣我们忠实可信的赛甫丁·木傻非·倒的和马儿古思为使,向你们报告这些美好的意愿,并当面说明我们的情况。愿王子接受他们的意见,信任他们。普天下之王(愿他的尊荣与日俱增)在他的信中主张,在上苍的法律中,拉丁派、希腊派、阿美尼亚派、聂思脱里派、雅各派以及所有向十字架祈祷的人之间不存在差别。他们在我们这里协和一致。我们希望大王不要把他们分开,而要对所有基督教徒普施慈悲。愿国王的慈悲永存,长在,愿上苍赐善。

上文足以注意者不止一点,尤其是在与拜住交给阿思凌的信札比较之下;此书毫无傲慢之语,并且无一语涉及纯粹政治问题,仅对于基督教徒表示恳挚的同情而已。缪萨对于此书印象不佳(《交际录》第50—52页):"虽为使事辩护,而主张其确为蒙古统将

遣派之使者,仍不得不将此书屏弃,至少在吾人所见此书之译文
中,具有虚假之性质。……吾人可以相信倒的及其同行者确为宴
只吉带所派遣,使命为与富浪人共谋对付伊斯兰教徒,然蒙古人未
与彼等文书,仅付与一纸浮华之敕令,此敕令为大汗之将领颁与有
关之诸王公者也。此敕令未足使使者在谈判中大获成功,故使者
伪造一信札,其中作出种种保证,劝诱基督教徒袒护蒙古人。……
若此说为真实,则在此后与蒙古诸王之谈判中,未见其先例。使者
所持之敕令既未能获得对方之好感,则按其己意伪造一信札,予以
申诉诠释。由此可知,此札译文与原件绝无关系,其中常有为迎合
欧洲诸侯而增添修饰之词句。"多桑(第二册第 238 页)甚为轻蔑地
宣称:"此札就各方面而言,显系伪造。"毕斯雷(《近代地理之开端》
第二册第 278、645 页)对此"伪使"倒的及其"自封之使团"不屑于
一顾。

　　缪萨之答案,对一要点未予以讨论,即译件和原札不同之说。
译文系安德·龙如美"逐字"从波斯文转为拉丁文,此通晓阿剌壁
文与波斯文之教士,在如此庄隆之场合下,断然不会在转译此宴只
吉带之信札时,添加原波斯文所无之词句,或容许他人掺入。且译
件极为符合东方惯用之词句,不难将其复原,由译出之拉丁文再转
为近似原件之波斯语。第若此信为伪,原波斯文即为伪造,转译之
拉丁文则合于此伪造之札。

　　今考察译件自身,初看起来其中一段令人惊异;宴只吉带称:
"感谢上苍,我知国王业经登陆。"信札若真,必写于 1248 年 5 月
15 日至 24 日之间,而此时圣类思尚未离埃格-莫特,甚而尚在巴
黎(见前 156 页)。前此言及,登陆之事可以阐明,无须以数月前开

165

罗算端告知毛夕里算端关于登陆之传说加以解释。且无须假设释文有误,将"国王将登陆",改为"国王业经登陆"。我以为安德·龙如美系逐字翻译,此类假设固不足信。我则同意范珊·薄韦前此对倒的之论述,宴只吉带得知圣类思将首途东方之讯,预先遣出使者,其信札发出之时必在法兰西国王抵达之前,在此时间,信札称国王"业经登陆",未为不确。

信之开端完全合于正常蒙古诏旨:Mongka t(ä)ngri-yin Kü-čun-dür | qaghan-u su-dür | ÄlJigidäi ügä manu,| Irädbarans-a,"长生天气力里,合罕福荫里,宴只吉带,吾人之声。致法兰西国……"。"普天下之王合罕"(Missi a rege terrae chan)隐有表明宴只吉带崇高身份之意;他是合罕以其名义派遣,且其权力来自合罕之"福荫"。于此可见其合于原波斯文之词句。[①] 宴只吉带之信札尚有其他合于蒙古诏旨之习俗者——此点已使缪萨惊异——如其中提及蒙古皇帝免除基督教徒之赋税及劳役,"以使彼等安心和自愿归依吾人之国家"。

复次,此札实为一华丽之辞令,且具有真实蒙古敕令之庄重,

---

① 蒙古信札和敕令之冒头,见前第119—129页。而里施君尚未及见此1924年发见之篇章,故于此拜住致因诺曾爵四世信札之开头绝不置信。关于il(臣服),见额儿德曼重刊成吉思汗之诏令,载《铁木真》(*Temudschin*)第394、631页;il bulgha(臣服和反叛),见缪莱《回鹘史料集》第二册第78页第35行之 il bulghagh (及奈米特[G. Németh]《匈牙利人定居情况》(*A hongfoglaló magyarság kialakulása*),布达佩斯,1930年刊97页)关于前第121页之 su jali,见勒柯克《摩尼教经》第三册第41页之 yal(ï)n suu;此词又转入阿剌壁语,训为"幸福"(见《亚细亚报》1896年刊,第一册第507页)。关于"福荫"一语,《元史》第77卷第7页载有"祈求天皇帝成吉思汗福荫"一事,可参看。此点可证以前第122—124页所提出的解释。suu(>su) 或即汉语"祚"(tsou)之畏吾儿语借词,再从畏吾儿语转为蒙古语。

其中极力为基督教徒辩护。然吾人仍不以其为蒙文写成者。此札若真，必为宴只吉带之官吏以波斯文写成，为迎合受函者，饰以动听之词句，此事成吉思汗决不愿为；此点并非纯属假设。贵由信札之末开列有基督教各派之名，明令禁止厚此薄彼，宴只吉带于此复又向圣类思提出，希其遵守。但此事不足为奇。贵由之廷臣中有聂思脱里派教士，在其交由柏朗嘉宾携回之致因诺曾爵四世之信札中，有谴责拉丁基督教歧视其他各派之语（见前第 20—21 页）。宴只吉带亦容许各教派之存在，其在毛夕里、帖必力思之官吏中有聂思脱里派及雅各派之重要人物，吾人已见其遣使即为毛夕里之两名基督教徒。此辈东方之基督教徒，必然不忍见其巴勒斯坦以及西利亚之教侣遭受圣类思十字军之迫害，故于其主人之信札中添加一段抗议之词。

最后，宴只吉带致圣类思之札中虽然使用了一些东方的客气话，但在仅仅涉及信札的作者及其收信人时，它是一封平等相待的信；但在涉及贵由的一切地方，则是一封君主致其臣属的信。圣类思为"大王"（rex magnificus），贵由"合罕"则为"普天之王"（rex terrae）。此种关系或即以两次用于称呼圣类思为"子"（filius）一词表示之。[①] 多桑（第二册第 237 页）已知宴只吉带称呼圣类思为"其子"（son fils），然其涵义可能不同。札中所用"子"一词，系单独使用，并未冠以所有格形容词。古蒙古时期，蒙古语之 köbä'ün（子），突厥语同义之 oghul 和 oghlan，尚有与其相当之波斯语 pusär

---

[①] 例如，可参看《蒙古秘史》第 83 节和第 129 节。帕式迦诺夫《蒙古秘史》（*Istoriya Mongolov inoka Magakii*）第 91—92 页；伯劳舍《蒙古史》第二册第 274 页。

（子），均常用于称呼"王子"。若其如此，吾人应按此义理解宴只吉带信札中之 filius(pusär 之译义)，此种称谓表明宴只吉带对圣类思之谦恭，然仍置法兰西国王于蒙古帝之治下，视为理所应然。

在宴只吉带的信札中，几乎是仅仅涉及蒙古人对基督教徒所表现出的宠爱，也就是说是宗教而非政治。我们偶然也确实可以从中读到蒙古统将希望基督教徒之军队获胜，这里只能是指十字军反对伊斯兰教的斗争。但此乃倒的、马儿古思受命口头谈论的问题。宴只吉带仅仅请大家相信他之所说。

鉴于此两蒙古使者言辞离奇，以上之解释并非多余。吾人宁予以审视。贵由之母系基督教徒，若翰长老之女，贵由受其母以及"Malassias"主教之影响，与十八位王子和诸多之大将同时于主显节日受洗（据载，或即在此年，或即在三年前）。[①] 宴只吉带非出自帝系，以其有权势，亦已皈依基督教多年。拜住对教皇使者若是不逊，因他为一异教徒之故，且其幕僚尽为伊斯兰教徒。然今拜住已听命于宴只吉带，后者统辖"自波斯迄东方疆界之领土"。复次，毛夕里算端之母为基督教徒，不愿信奉伊斯兰教，若有机缘将自愿受洗。结论为：富浪人应与此类善辈结为同盟。次年（1249）夏，宴只吉带将出兵攻击虐待基督教徒之报达哈里发，然要着在使开罗算端不能出兵援助，若法兰西国王出兵埃及，则能止其援兵。圣类思于抵达失普勒时，适接得阿美尼亚统帅三拔于 1248 年 2 月 7 日发自撒麻耳干之来翰，述及基督教徒及基督教诸王公之诸多问题。倒的及马儿古思之言词似得部分证实。

---

① 因此，格鲁赛（Grousset）的《远东史》(*Hist. de l'Extr-Orient*)，第二册第 440 页中有一处无足轻重的错误，据他认为，蒙古人的使节提醒说贵由"即将受洗礼"。

就事实说,贵由之母并非若翰长老之女,质言之,其母非克烈部人,而为脱列哥那(Törägänä),如下文所指出,彼或为非皈依基督教徒之兀洼思蔑儿乞人(Uwas-Märkit),或为乃蛮(Naïman)人,此部落仅部分信仰基督教。至若圣主教"Malassias"则易于看出,仅为西利亚语之 mār-hasia"尊敬之圣者",即一般用以称呼主教之专称,汉文册籍中亦见此称号。① 然倒的及马儿古思既非唯一,又非最早散布此谬误者。把儿赫不烈思(布林斯[Bruns]译本《西利亚记事》[*Chron. Syriacum*]第 524 页)称贵由为一"真正之基督教徒"。三拔元帅于 1248 年 2 月 7 日发自撒麻耳干之来翰亦称"合罕(贵由)及其属下皈归基督教"。安德·龙如美自 1245 至 1247 年旅途归来后,谓蒙古君王为一基督教之子。阿思凌之使团采录有类似之传说(见前第 43、46、47、56—57 页)。凡此种种,均将成吉思汗及其早期继承者混为一谈。而主教"Malassias"的许多特点都与安德·龙如美、洗满·圣康坦之列边阿答,以及把儿赫不烈思之畏吾儿主教马典合相似。吾人对毛夕里算端无可奉告,

170

171

---

① 参见穆尔(A. C. Moule)《一五五〇年以前的中国基督教史》(*Christians in China before the Year* 1550)伦敦 1930 年版八开本第 157、150、226 页。同见帖木儿(Tamerlan)致查理四世(Charles Ⅳ)之信札("Juvān mār-hasiā-i Sultāniyah";《通报》1914 年刊第 637 页,其中"Charles V"系出于印刷之误)。威廉·南吉斯·范册·薄韦以及奥登·沙多鲁之札均作 Malassias 之形。此名尚可从《法兰西大记》(第四册第 300 页)之"Thalassias"得到印证。阿塞曼尼《东方丛书》,第三册第二编第 106 页和第 480 页)采纳了 Malassias 这种写法,并以 Mar-Elias 作解释。相反,我们在察恩克(《长老若翰》第 81 页)和拉思图尔君的书中发现了 Malachias 这种写法;在罗克希耳的书中(《卢布鲁克行记》第 27 页)发现了 Mallachias 这种写法。但据我所知,Malachias 这种写法仅由威廉·南吉斯的法译文所提供。我仅仅在《圣鲁得伯特年记》(*Ann. s. Rudberti*)(《日耳曼历史资料·历史著作》第九册第 790 页),这种古史料中发现 Malachias 这种写法,可能是除了宴只吉带的书札文献本身之外,这些编年史于此与奥登·沙多鲁和范册·薄韦相比都是第二手的资料。

因倒的及马儿古思均不敢称其已受洗。[①] 所余者为宴只吉带,其情况较复杂,且具有直接之兴趣者,因使团为其所遣。拉斯图尔称宴只吉带必为一基督教徒。有关宴只吉带之史料既少且又分散,故此对此人未能作一综合之研究,仅能弄清一两点。

若进一步予以审视,势须承认吾人甚少得知宴只吉带之事迹。宴只吉带一名,本来源于弘吉剌(Qonghrāt)之按赤斤部(Äljigin);[②]然因种种原因,一部落名常用作其他部落之人名,以此未能由其名追溯其族源。韩迈见剌失德丁之《氏族志》(贝勒津本第五册第38—39页)中有札剌亦儿部伊勒赤带(J̌alaïr Alčïdai),遂以为其人即宴只吉带,且系札剌亦儿人。然此札剌亦儿·伊勒赤带曾参与蒙哥即位之典,宴只吉带则否。此二人我以为非为一人,其名亦未尽符合。[③] 所能确定唯一之点为贵由即位后曾赋予宴只吉带以全

172

---

　　① 此毛夕里王之弟曾至哈剌和林朝见,并与宴只吉带一同归来,1247 年 7 月 17 日同达拜住营帐(见前第 117 页)。

　　② 我在前(第 117 页)已指出此按赤斤(Äljigän)部之名,蒙古语 äljigän,其义为"驴";剌失德丁之说相同(见贝勒津《俄国皇家考古学会东方部丛刊》[以下简称《丛刊》][*Trudy VOIRAO*]第五册第 156 页);韩迈(《伊勒汗史》第一册第 17 页)训为"长耳",似将此词不可容许地分割为二,其后一部分为蒙古语之 čikin(耳)。

　　③ 有关札剌亦儿部之伊勒赤带反对蒙哥即位之记载,见韩迈《伊勒汗史》第一册第 59—60 页;多桑书第二册第 246—247 页。此两名易生混淆,《元史》一处(第 107 卷第 3 页上)称哈赤温(Qačï'un)之子为按只吉歹(Ngan-tche-kit-ai),即 Aljigidai 王子。又一处(第 3 卷第 2 页逗号下)又称之为按只带(Ngan-tche-tai),即 Äljidai[Alcidai],而剌失德丁又将此名写作 Eljidäi;其他不甚可靠之例,见伯劳舍《蒙古史》第二册第 12 页第 1 行。然《元朝秘史》对此两名严加区别,一作额勒只吉歹(Äljigidai),另一作阿勒赤歹(Alčïdaï),后一名必为剌失德丁之 Eljidai(见《秘史》第 275 同第 277 节)。《元史》1251 年述蒙哥即位,先后提及按只带王子,必为哈赤温之子,以及另一按只解(Aljïdai、Alčïdaï),可能系札剌亦儿人;紧接着,在同年又提到了对宴只吉带的惩处,后者与上述二人不同。《元朝秘史》亦遵循此一区别。我以为二名全然不同,Äljigidäi 系弘吉剌之一支按赤斤部之人名,Alčïdäi 则系由塔塔儿按赤部(Tatar Alčï)名转而为其部之人名者。

权,并遣其代彼管辖鲁木(Rùm)(小亚细亚),谷儿只以及毛夕里、底牙儿别克儿(Diarbékir)同阿勒波诸地;宴只吉带尝组织一支庞大之军队,旭烈兀(Hülägü)后来统率之军队与之极类似。[①] 以此,宴只吉带地位高于拜住,前已言及,宴只吉带于 1247 年 7 月 17 日与拜住会合(见前第 117 页)。吾人虽未能确定,然推测宴只吉带未曾与拜住同住于阿刺思河谷,而居留于帖必力思地区。或居于更近东方之某一波斯地方。那末我们就错误地确定了他与八思哈阿儿浑(basqaq Arghun)的关系。拜住性极狂傲凶残,当是时,蒙古宫廷中因贵由死,蒙哥立,而发生内变,宴只吉带倾注于此,否则,二人间之矛盾极有可能迅速激化。宴只吉带属窝阔台系(贵由即为此系),在事变中与其二子同时遇害。从有关之记载中,未有材料说明宴只吉带本人为基督教徒。

那末,是否可以由此而得出结论认为,倒的和马儿古思是像大家有时所说的那样是冒充者;或者是像某些与他们相比而不太严肃的人所假设的那样,认为他们确实负担一项使命,但却超越了其权责呢? 安德·龙如美(蒙古人无法知道他曾在圣类思身旁生活过)曾见过倒的曾在近两年之前为蒙古人服务这一事实支持否定第一种假设。此外,倒的后来完成了由圣类思派遣的使命,这是一位冒充者不能做的。最后,经过一场其部分原因应归咎于贵由宴

173

[①] 参看术外尼(Juwaini)书,米儿咱·穆罕默本第一册第 211—212 页;多桑第二册第 205 页。早些时候,吾人见到术赤军中有一千夫长名 Elǰigidäi(瓦撒夫［Wassaf］书,韩迈译本第 24 页),尚有窝阔台军中一千夫长,属速勒都思(Süldäs)族,亦名 Elǰigidäi(贝勒津,《丛刊》,第十五册第 145 页),均可能为同一人。以下将可以看到,其人必为《元朝秘史》第 275 节提及之阿儿合孙(Arghasun)之父额勒只吉歹,以及第 229 节,第 278 节述宿卫职司时提及之人。

驾的失败之后,1248 至 1249 年的蒙古使团之所有成员都未消失。卢布鲁克于 1253 年 7 月末抵达窝勒伽流域撒儿塔黑王子之营帐,见到倒的在失普勒之一旧同伴,此人述及撒儿塔黑身边之种种见闻。此"倒的之同伴"通晓西利亚语、突厥语及阿剌壁语,必为一聂思脱里派基督教徒,可能即 1248 年之副使马儿古思。撒儿塔黑之臣属显未有人因其曾任伪使而厌恶他。①

　　然我亦不信宴只吉带使者所述之内容为其自身所编造,以此我愿再引一遍洗满·圣康坦的话(第 111 页):当阿思凌之使团抵达拜住营帐时,拜住之幕僚,其属员同其译人"向诸教侣作巧妙详细之探询,问富浪人是否尚来西利亚。盖此辈闻商贾言有富浪人甚众,将于短期内至西利亚。自是时始,或在是时以前,蒙古人谋以策术羁縻富浪人,待其抵此以后,或伪为皈依基督教,或用其他诈术,阻之进入其境,质言之,不使之进入途鲁吉或阿勒波之地,至少在一定时间内伪与富浪人友善,盖据谷儿只人与阿美尼亚人言,

174

---

① 有关"倒的之同伴"(unum de sociis David),人们长期以来把他看作是一名寺院骑士(!)先有察恩克于 1876 年(《长老若翰》第 88 页),后有史米德于 1885 年(《论卢布鲁克行记》[Ueber Rubruk's Reise]第 811 页)和罗克希耳于 1900 年都首先对他进行了解释。参见罗克希耳《卢布鲁克行记》第 102 页和第 205 页;万嘉德《入华方济各会士传》第一册第 201 页;《通报》1930 年刊第 208 页;这一错误又重复出现在戈尔迭《中国通史》第二册第 400 页中。在把这一人物考证成马儿古思的问题上,唯一的保留是卢布鲁克讲到了"倒的之同伴",这似乎可以使人认为倒的有数位教友,但其名与倒的同时存在仅有马儿古思一人。我认为在卢布鲁克的行记中有一处不太严重的失真处。史米德正确地看到"倒的之同伴"是指 1248 年使团中的一成员,于 1253 年在撒儿塔黑宫廷中,他把紧接着后面的一段(第 181 页,注 114)理解作卢布鲁克曾让一名亚美尼亚神甫和"倒的之一同伴"在阿迦翻译圣类思的信。但这是史米德的误解,卢布鲁克行记中的"倒的之同伴"第二次如同第一次一样都在撒儿塔黑宫中,而且也如同所有的阿美尼亚神甫一样,无论是他还是他们都不是由阿迦所作的译文的作者。

蒙古人最畏者即是富浪人也"。洗满·圣康坦于倒的、马儿古思抵达失普勒之前一年半在拜住营帐期间所得之印象，岂不足以说明随后发生之事件？倒的和马儿古思述及大汗，其臣属以及宴只吉带之皈依基督教，符合此一诈术，且正付诸实现。然仍无需过分诽谤蒙古人及其使者。宴只吉带极可能于1248年打算出兵攻击报达哈里发，此次战役数年后由旭烈兀领导完成之。为达其目的，势须富浪人出兵埃及，阻止开罗算端援助哈里发；此外且有利于使富浪人远离已臣服于蒙古人之小亚细亚（Asie Mineure）、西利亚北部以及美索波塔米亚，彼等显然不愿与人共享其掳获物；然蒙古人仍坚信富浪人终将成为大汗之属民。第若有关皈依与受洗之种种传说，其夸大之处当不应使吾人忘记贵由身边之聂思脱里基督教徒所起之特殊作用，及彼辈身居宰辅要职。蒙古人对迷信之容许，与聂思脱里教派更为合拍，而不合于伊斯兰教之狂热，此种容许，乃至表现于时时以基督教名字命名家庭之子女，尽管此家庭非皈依基督教或仅有少数之基督教徒。蒙古人需要各种宗教教士的祈祷，然贵由首重基督教徒的祈祷。洗礼即使是自愿举行，而受洗者并非始终都对此赋予高度重视。卢布鲁克以为撒儿塔黑非基督教徒，但未能肯定他是否曾受洗。复次，聂思脱里基督教徒与十字军不同者，系自愿结成教团，在其与蒙古人相处甚安时，则宁取蒙古人之政权而不愿忍受十字军时时加于彼等之暴行。以此吾人见到贵由致因诺曾爵四世之札中，因此辈怂恿而添加之强烈措词；尚见到宴只吉带来翰之末以贵由之名表示的较为温和，然语意明白之词句。

　　圣类思与其谋士以及教皇使节奥登·沙多鲁商议后,决定遣出两路使团以回报宴只吉带之来使;法兰西国王之使者将与倒的、马儿古思同时出发,其一部系回报宴只吉带,另一部则继续前往大汗之宫廷。圣类思致翰与宴只吉带以及大汗。应蒙古使者之请,尚以礼物为名赠与大汗一座红色教堂式帐幕,其中悬有刺绣之镶板,绘有救世主之一生;尚交其使者以两副真正之十字架,赠与贵由及宴只吉带。奥登·沙多鲁以其名义致书大汗并致书大汗之姨母,[①]尚致书宴只吉带及蒙古帝国之聂思脱里教士,劝彼等承认罗马教会之最高权力并团结在其四周。

　　此时蒙古使者准备起程。圣诞节和主显节,使者与国王共听基督教之弥撒,国王还首次留使者进午餐,1249 年 1 月 25 日,圣类思于欢送会上接见使者;又一日,1 月 27 日,蒙古使者与圣类思所遣之使同时离开尼古习,进向大陆并深入亚洲腹地。

　　据奥登·沙多鲁,圣类思之使团包括三名多明我会士,即安德(André)、若翰(Jean)和吉约木(Guillaume)。范珊·薄韦称,使团

---

　　①　奥登·沙多鲁及范珊·薄韦均作 Matertere sue;威廉·南吉斯(第 364 页)作 matri suae(matre suae 之异文),其法译文作“致书其母”。提勒蒙(第三册第 228 页)称“致书其姨母,或更可能致书其母”。缪萨(《交际录》第 53 页)译为“继母”,察恩克(《长老若翰》第 81 页)和安大奈(第 134 页)作“母”。极其自然地,奥登·沙多鲁教长致书于大汗之母,据称为基督教徒者,仅可能为贵由之母脱列哥那;死于 1246 年末(参看有关贵由受洗之记载,有人尚以此推测此母于 1248 年 1 月初尚存,应误)。且首应注意者,当彼等谈及此据称为基督教徒之母时,均使用 mater 一词,非用 matertera。就原则说,matertera 指“母亲之姐妹”“姨母”,此词在中世纪之拉丁语中未见他处使用,故我翻译时无把握。

除安德教侣以及另两名多明我会士外，尚有两名书记和国王之两名官员；①安德为使团之长（capitaneus et magister）。此段话应为真实，而《法兰西大记》（第四册第 301 页）及托马斯·康丁堡（Thomas de Cantimpré）所说圣类思之使团中尚有同等数量之方济各会士，显不足信。②约翰·萨拉森之信札中列举了几个名字；③据他说，使团包括"圣雅各会之安德教侣，及 .Ⅰ. souenz frerez，④及 maistrez Jehanz Goderiche，以及另一普瓦西（Poissi）之书记，及 Hesberz li Sommelierz，及 Gileberz de Senz"。吾人据此实际得知，使团包括三名多明我会士：安德·龙如美、若翰和吉约木；两名书记，显为"maistrez Jehanz Goderiche"和普瓦西之书记；尚有国王之两名官员（范珊·薄韦称之为"servientes regis"，威廉·南吉斯译为"serjans d'armes"），此二人显然也就是"Hesberz li Sommelierz"和 Gilbert de Sens。吾人对"Jehanz Goderiche""Hesberz li Sommelierz"和 Gilbert de Sens 一无所知。⑤

---

①　此系原手稿及旧刊本之记载。1624 年之编本此处有脱漏，见前第 83 页，安大奈书第 133 页。

②　见托马斯·康丁堡，*Bonum universale de apibus*，杜埃 1627 年刊八开本第 525 页（第二册第 54 页第 44 节）。未能确定者，托马斯·康丁堡曾否真正称"两宣教会士和两方济各会士"；大多数手稿（以及部分编本；例如察恩克《长老若翰》第 87 页）仅作两方济各会士"，因之"两宣教会士"，可能为后人所加，盖知圣类思曾遣多明我会士出使，故欲改正托马斯·康丁堡之错误也。

③　我系从《十字军史》，《西方编》第二册第 569—570 页摘引此文，未重新比较各稿本。

④　参照奥登·沙多鲁之信札及范珊·薄韦之叙述，此处无疑有误；约翰·萨拉森之原信或许作".Ⅱ."，非作".Ⅰ."，然其错误也可能归之于约翰·萨拉森本人。

⑤　罗克希耳（《卢布鲁克行记》前第 29 页）称，安德·龙如美之同伴，除两名教士外，尚有"四名俗人，其中一人似为英国人"。

我将着重讨论多明我会士若翰和吉约木。尚有最后一人,约翰·萨拉森所说之"普瓦西(Poissy)书记";吾人极可能由下述情况中将其考证出来。

缪萨曾指出(《交际录》第 52 页)此书记当从约翰·科隆纳(Jean de Colonna)之《史海》中寻找。此书载云:"法兰西国王遣往达达人处的使节有一名叫安德的宣教会神甫,偕同另一也属同一教派的神甫同行;另有两个有圣德的俗人加入;我曾见他们中一人业已非常衰老,名叫罗伯特(Robert)。"此罗伯特,查特斯(Chartres)教堂之助唱者,当即约翰·萨拉森之"普瓦西书记"。此段话长期以来包含了某些难解之谜,因有人以为《史海》之作者为罗马之多明我会士,1255 年墨西拿(Messine)之大主教,约死于 1264 年;但其人不能于其极为衰老之年识此 1249 至 1251 年出使之书记罗伯特。然吾人于今则一致认为,《史海》之作者当为另一约翰·科隆纳,此人亦为罗马人和多明我会士,极可能为兰杜尔菲·科隆纳(Landulphe de Colonna)之侄。兰杜尔菲·科隆纳系罗马人,从 1290 年起就任查特斯之牧师(chanoine),旧居罗马,后寓居查特斯,1299 至 1328 年间为其地主教辖区之管事,1329 年左右退休回罗马。[①] 其侄约翰·科隆纳于 1339 至 1340 年间著书。若此约翰·科隆纳确为波德莱(Bodléienne)图书馆所藏拉克陶斯

---

① 关于此点,见德利斯尔(L. Delisle)文,载于《巴黎文献学院学报》(*Bibl. de l'Éc. des Chartes*),第六四卷(1885)第 658—660 页;木理涅《法兰西历史溯源》(*Les sources de l'hist. de France*)第 2910 和 2911 条,于利斯·谢瓦利埃《索引》(*Répertoire*)第二版(第一册第 995 页)对此约翰·科隆纳之叙述仍袭旧误。

(Lactance)书中空页上所补充史料注释的作者,则应生于1298年。[①]吾人推测,约翰·科隆纳当于其青年时期随其叔兰杜尔菲牧师至查特斯,1315年在此城之教堂中得见老年之助唱者罗伯特,是时罗伯特应已年满九十。

　　吾人现进而讨论随安德·龙如美出使之两名多明我会士,若翰和吉约木。若翰必为若翰·卡尔卡松(Jean de Carcassonne),以后我将予以讨论,吉约木之情况则较复杂。

　　若说出使者有称作吉约木之多明我会士而吾人对彼又无所知,显属易事。然以下数点不应忽略。约因维尔(第48页)仅提及教士二人,而非三人;他并说此二名多明我会士"通晓回回语(Sarrazinnois)"。此说对若翰·卡尔卡松言必非事实。吾人推测约因维尔在口授其回忆录时,仅忆及出使途中能自救之人。此教士吉约木若通晓"回回语"则极可能与安德·龙如美一样曾出使东方;以此明显地缩小了考查之范围。吉约木·蒙特费拉特首先不应予考虑,此人1217年于罗马结识圣多明我(Saint Dominque),自1237年后未见提及。吾人甚愿考虑吉约木·特里波里(Guillaume de Tripoli),此人于1220年生于西利亚之特里波里,任阿迦教堂之多明我会士,1271年被遣与尼古拉·维桑卡(Nicolas de Vicence)一起伴随波罗(Polo)兄弟去北京;他有可能在1248年从阿迦出使至失普勒岛谒圣类思。然吾人知道,1271年之两名多明我会士很快从途中折回,吉约木·特里波里又重返

180

---

　　① 木理涅写作1294年,有误;1294年为最早注释之日期;作者称他自己生于1298年,见巴尔扎尼(Balzani)文,载于《罗马教皇档案》(*Arch. soc. Rom. stor. patr.*)第八册1885年刊第232、234、241页,并见德利斯尔文,前引书第660页。

其修道院,并曾撰写一部有关伊斯兰教之书籍予以刊布。若此人在先已与安德·龙如美出使蒙古,则不应视彼为一懦夫,且关于此首次之旅行,马可·波罗之书或其本人之著作应加以叙述,此点吾人当首先虑及者。我以为此人应予以屏弃。

尚余最后一个可能性,亦未必可信,然我以为目前最好暂时采取此说。吾人尚忆及约翰·萨拉森之信札中曾提及圣类思之使团成员中有"圣雅各会之安德教侣,及 .I. souenz frerez",一般均认为(我在前亦采此说)"其兄弟"(sien frère)系指其同教之兄弟,即"教侣",在此仅为"多明我会士"之同义语。据我所知,只有罗克希耳(《卢布鲁克行记》前第 29 页)理解为安德·龙如美系由其"亲弟"(his brother)陪同出使。此说初看似令人惊异,然从信札之内容看非无可能。由是须认为安德·龙如美之亲弟为一多明我会士,其人亦符合吾人谈及之全部有关史料。复次,如以下将述及者,若翰·卡尔卡松不能为安德·龙如美之亲弟,故其人极可能为奥登·沙多鲁所称之若翰;此安德·龙如美之弟且亦为多明我会士之吉约木,乃东方使团之一员;约因维尔所提及之"通晓回回语"之另一多明我会士即应是此人,而非若翰·卡尔卡松。总而言之,约翰·萨拉森以及约因维尔均将若翰·卡尔卡松置于一旁。然于此时吾人发现有一东方之传教者,且为多明我会士,实在说并非称作吉约木·龙如美(Guillaume de Longjumeau)而叫做吉·龙如美(Gui de Longjumeau[Guido de Longimello]);其人及其同伴(socius)于 1268 年安都陷落前若干年被伊斯兰教徒处死。奥登·沙多鲁唯一一份手稿中之"Willelmus"是否为首次误写而简化之结果且亦指吉·龙如美而言？[①]

除安德·龙如美和"吉约木"外，尚有奥登·沙多鲁称之为若 182
翰之第三个多明我会士。早在一世纪前，缪萨已指出（《交际录》第
52 页），伯纳·吉（Bernard Gui）在其《因诺曾爵四世传》（*Vie
d'Innocent* Ⅳ）中曾提及某一称作若翰之人，其人虽为法兰西人
（非教区人），然别名为卡尔卡松（Carcassonne）。吾人未曾注意，
伯纳·吉之另一著作《图卢兹及普罗旺斯教区宣教会创建史》（以
下简称《创建史》）（*l'Historia fondationis conventum ordinis
Praedicatorum Tolosanae et Provinciae provinciarum*）有可供补
充之资料。伯纳·吉之叙述中谈到卡尔卡松修道院之创立，并及
1252 年修道院之僧侣中有名"若翰·卡尔卡松（Johannes de
Carcassonne），不过据说是郭卢人（Gallicus），卡尔卡松城主教克
拉林（Clarini）之侄……"。[②] 伯纳·吉之作品，除保留下来并刊布
者外，尚有其叙述大革命（Révolution）前卡尔卡松修道院之手稿，
今已散失，然至少其中一种曾为苏埃热大量用于《多明我会年记》
中。伯纳·吉于 1297 年被委任为卡尔卡松修道院院长，必然会提 183
供许多有关此修道院之历史。苏埃热从卡尔卡松之手稿中摘引材
料作下述之注释，时为 7 月 20 日。

在卡尔卡松，若翰神甫别号为卡尔卡松，这是其家族之

---

① 我意以为，此种情况系以 Guido 和 Willelmus 合并而成 Guillelmus 之形，或者
严格说奥登·沙多鲁将 Guido 写作相同之 Wido 之形。

② 马特涅（E. Martène）同杜朗（U. Durand），《古代作家补集》（*Veter. scriptor…
ampl. collectio*），第六册（1729）第 475 页；还可看看《历史汇编》第 21 册第 696 页；这一
资料根据马特涅的说法而收入了《郭卢基督教》（*Gallia Christiana*）第六册第 886
页中。

姓,因为他系于香巴尼(Champenois)出生。他对教化众生之热诚,使他格外受圣类思王的宠幸,后者派他和另一些僧侣出使达达人,以教导他们归信基督教。他们到达圣让答克亦称托勒密城(Ptolémaïde),他们还有一百天的时间,于是便非常荣幸地为传播教法而工作。该神甫返回后,以极虔诚之心,报道旅途中之见闻及经历。他在卡尔卡松当了一阵子修士,同时尚有马丁・唐纳迪厄(Martin Donadieu)神甫(吾人在5月3日条下已谈到他的生平)、皮埃尔・雷吉斯(Pierre Regis)神甫(8月11日条下谈到他);他向后两人讲述了这些详情,而最虔诚,最留心之撰述家伯纳・吉杜尼斯(Bernard Guidonis)则得之于他们之口,当时他们同在该修道院中。他就在那里把这些记下来,以此人们在保存于该图书馆的其一份手稿中予以发现,吾人即得之于此。尚需补充者,从其容颜极有光泽看,若翰神甫有圣者之状。他不得不去卡尔卡松的主要原因是:该修道院的创建者圣类思王,想要再表示他对上帝的虔诚,及对僧侣们的敬爱和尊重,赠与他们一整套用藏红花色的漂亮布料制成的装饰品,以便更体面地去作日课。这套装饰品包括祭坛的帷幕、十字僧衣、两件僧袍及其他宗教仪式所需之物。该虔诚之君王选择吾人之若翰神甫去赠送礼品;除他之品德和坚贞外,选择他还由于他是卡尔卡松大主教克拉林(Clerin)之侄,其叔之圣洁和学识与他一样极值得赞许。他很热爱上帝的所有奴仆,特别热爱神甫们,因此在他们创业之始,及成业之前,他把古堡(Vieux-Bourg)的圣玛丽修道院奉送给他们;但他们因自称要过严格的行乞的清苦生活,拒绝接受他。这位主教不知何故到了维莱(Velay)的普伊(Puy),死于该地,并希望葬于吾人之教堂内。他的可敬的侄子离开卡尔卡松,作为香巴尼人,他可以这样做,甚至还可以离开特鲁瓦(Troyes)修道院,所以他在那里隐居,结束他神圣的一生;但尚不能确定者,吾人上述之事,能足以把他比作福音书中之骏马,据先知佐哈利(Zacharie),在其预言第六章第六节中称,此马由于其特殊的精力,企图跑遍大地。壮马出来,要在遍地走来走去。

此段文字虽属重要,然并非如吾人所期望者全系真确。吾人且先行讨论伯纳·吉之叙述以及苏埃热之补充,且观其将提供何等消息。

首先应注意者,1297 年任卡尔卡松修道院院长之伯纳·吉,未曾见过若翰·卡尔卡松其人,有关若翰出使蒙古之情报,乃得自马丁·唐纳迪厄及皮埃尔·雷吉斯二神甫之口,盖若翰曾向此二人讲述其经历。皮埃尔·雷吉斯神甫,我仅知其为法诺姆-若维斯(Fanum-Jovis)人,1252 年任卡尔卡松修道院之讲师,[①]苏埃热虽曾于一注中称,彼将于 8 月 11 日条下谈及雷吉斯神甫,且旧本《多明我会年记》仍系出自其手,然吾人于其所说之处未见有关雷吉斯神甫之传略;附有索引之新本《多明我会年记》,在所有日期之下均未提及其人。我以为苏埃热因疏忽而脱漏 8 月 11 日条下之注释,　185

---

① 　此材料系出自伯纳·吉之《创建史》,载于马特涅同杜朗之《古代作家补集》第四册第 475—481 页。参看国民图书馆藏编 5486 号拉丁文写本,第 256 以后等页。我以为"Petrus Regis de Fano-Jovis"系卡斯特勒奴达利(Castelnaudary)地区(奥德[Aude]省)之方儒(Fanjeaux)人。

此注释似欲从保存于卡尔卡松修道院伯纳·吉之手稿转录。苏埃热显系利用同一手稿编写马丁·唐纳迪厄之传略,并于 5 月 3 日条下予以刊本;①据彼称,此传系唯一存者,盖该教会之所有史学家于四个世纪内均不知有此教士,若改正苏埃热书中由粗心及误刊而引起的矛盾,其叙之事似为:圣类思于 1247 年中下诏创建卡尔卡松修道院,之后两年,出生于格拉斯(Grasse)之马丁·唐纳迪厄,②接受著名多明我会士、新修道院第一任主教西班牙人费雷尔(Ferrer)之剃度。马丁·唐纳迪厄自 1249 年入此修道院,在其中度过半个世纪,死于 1299 年 5 月 3 日,其时伯纳·吉主持院事。此修道院成立以来,保存有生动之编年记,伯纳·吉曾大量予以引用。③

　　第若若翰神甫之生平,其中一点已为吾人所知。伯纳·吉于其《创建史》中曾向吾人列举 1252 年之在卡尔卡松修道院者,内中即有其名。苏埃热据一份已遗失之伯纳·吉手稿称,若翰向马丁·唐纳迪厄及皮埃尔·雷吉斯两神甫透露其蒙古之行。可确定者,若翰出使蒙古 1251 年返回凯撒里亚,并居留于卡尔卡松修道院若干时间。然若伯纳·吉之《创建史》所说其时为 1252 年,吾人势须认为若翰出使蒙古后立即返回法兰西,未能等待圣类思离东方返回之

186

---

　　① 《多明我会年记》五月第一册,亚眠城 1686 年刊本第 55—99 页;国民图书馆藏编 H4402 号。

　　② 当指拉格拉斯(Lagrasse),卡尔卡松州(奥德省)之首镇。

　　③ "他很注意打探教会的事务,与它的创立和发展有关的一切。他对此如此熟悉,以至于可以逐年地提出在教会中发生的一切和直到那时而了解到的一切情况。吉杜尼斯(Guidonis)就是完全根据他之所说而断言获悉了他在有关卡尔卡松修道院创立的手稿中所写的一切、被指定为那里的第一批教侣和直到那时而统治该修道院的院长……"苏埃热,5 月 3 日以下,第 98 页。然而,我感到奇怪的是在伯纳·吉的《创建史》中发现,我们确实可以发现若翰·卡尔卡松和皮埃尔·雷吉斯神甫处于卡尔卡松修道院的第一批教侣之中,而马丁·唐纳迪厄之名似乎被遗漏了。

行。若若翰神甫在参加十字军前已属卡尔卡松修道院，则伯纳·吉其时虽不在卡尔卡松修道院，仍于其 1252 年之回忆录中以若翰为返回该院之会士，此事极有可能，有关之材料可提供数条此人之事。

伯纳·吉在其《创建史》中已肯定提到若翰神甫为卡尔卡松大主教克拉林（Clarin）之侄，而在其已佚之拉丁文注释（苏埃热神甫曾受其启示）中极可能也如此记载。此克拉林甚为知名，1226 年受任卡尔卡松之主教，1248 年 4 月 25 日或 26 日，也可能 5 月 26 日去世。① 迄至克拉林主教去世时，卡尔卡松之多明我修道院成立尚不到一年。② 苏埃热收集材料证明，克拉林对修道院之建立表现极大的热情。前引材料称，圣类思因若翰神甫为克拉林之亲属，故选择他运送献给卡尔卡松修道院之供饰，此材料如属实，可说明大主教此时尚存。若翰神甫抵达卡尔卡松之时间应在 1247 年中至 1248 年四五月之间，他在修道院居留不久，其叔大主教即去世。复次，若圣类思指派若翰神甫运供饰至卡尔卡松，必然无须为此而至特鲁瓦修道院去寻找他。盖此香巴尼人接受此使命时必须因某种未知之原因而早已在宫廷中。1248 年中，当圣类思乘船进行十字军远征时，若翰神甫可能请求并获允与熟识且器重他的君主同行。因为这位多明我会士直到那时肯定未见过东方，所以圣类思又派两名原来也是东方传教士和操"回回语"的多明我会士同行。其后，或于 1251 至 1252 年，或严格说更晚一些，若翰神甫

187

① 参见《郭卢基督教》第四册第 886 行。

② 布杰斯（Bouges）之《卡尔卡松史》（*Hist. de Carcassonne*）（1741），载入马胡尔（Mahul）《卡尔卡松的契据和档卷》（*Cartulaire et Arch. de Carcassonne*），第五册第 415 页，及第六册第 451 页，称由于大主教克拉林之鸿恩，1230 年曾在卡尔卡松修建一所多明我修道院，我以为其记载与伯纳·吉之《创建史》相矛盾，故不取其说。

回到接纳他的修道院。苏埃热所作之注释如系仍依据伯纳·吉手稿，则使人以为他并未死于南方；然以其死于特鲁瓦始终只是一种随意之推测。

我尚要指出，若按上述有关若翰生平之极端假设的复原似不能称其名为若翰·卡尔卡松。苏埃热告诉吾人"卡尔卡松"为其"姓"，而其本人为香巴尼人。此处有一奇异的偶合，即有一个香巴尼僧侣，姓"卡尔卡松"，其远离乡土居留之地又恰为卡尔卡松修道院。伯纳·吉所用之词（"称呼"[dictus]和"别号"[cognominatus]）或另有解。出生于香巴尼之若翰神甫，如伯纳·吉所说，即为富浪人、郭卢人，当在十字军远征时，因其不久前寓居卡尔卡松修道院，故圣类思之法国廷臣"称呼"或"别号"其为"卡尔卡松"。其后，这一别名一直用以称呼他，乃至他从东方归来。故此伯纳·吉尚能从马丁·唐纳迪厄或皮埃尔·雷吉斯之口收集到有关他之材料。以上至少为我所倾向之解释。

188　　　　由上列之人组成之圣类思所遣使团，于 1249 年 1 月 27 日随同蒙古使者离开尼古习，①范珊·薄韦补充说，使团之长安德·龙

---

① 多桑（《蒙古史》第二册第 242 页）误作 1249 年 2 月 10 日，罗克希耳（《卢布鲁克行记》前第 29 页）又据此得出"1249 年 2 月中"，毕斯雷（《近代地理之开端》第二册第 318 页）又作"1248—1249 年二月中"，马兰（同上引书，第 194 页）和雅尔·沙邦蒂埃（Jarl Charpentier）（《卢布鲁克亚洲行记》[*Vilhelm av Ruysbroeck, resa genom Asien*]，斯托克霍尔姆[Stockholm]1919 年刊本第 119 页）都作 1249 年 2 月。戈尔迭（《鄂多立克传》第 16 页和《中国通史》第二册第 396 页之"1248 年 2 月 27 日"是转引了缪萨《交际录》第 54 和第 56 页的一个明显的疏忽错误。勒里希所记在一般情况下都很可靠，他又一次指出是 1249 年 1 月 25 日（《耶路撒冷王国史》[*Regesta Regni Hierosolymitani*]，第 415 页），在其他别处都作 1 月 15 日（《十字军史之研究》[*Kleine Studien*]第 16 页；《耶路撒冷王国史》第 306 页；《耶路撒冷王国史》[*Gesch. d. kön Jerusalem*]第 877 页）。

如美修士不久即送交一札与圣类思,圣类思以其信之副本与宴只吉带来函副本同时上呈王后不朗失。①

此为我对范珊·薄韦原文之理解。安大奈(第 135 页)别有所解。据彼之意,似乎可能宴只吉带之信札有二,日期不同,圣类思将其副本送往法兰西之时间亦有不同。前一札当即倒的及马儿古思所携带者;后一札为宴只吉带之复函,写于安德·龙如美抵达彼处之后,此札与安德·龙如美本人之来札同时送交圣类思。②

我以为安大奈君之假设应予以屏弃。诚如彼本人所说,人们获悉使团消息之日期,已为约翰·萨拉森所指明:"Et quand ce vint à la mis quaresme,li roiz oi nouvelles de cez mesaiges..."; 安大奈君正确指出,1249 年之喜乐主日(mi-carême、Dimanche Laetare)为 3 月 14 日。彼之结论为,设若当时宴只吉带之营帐更近西方,而非安德·龙如美于 1246 年底见倒的时驻有蒙古大军者,则从 1 月 27 日至 3 月 14 日,其间共四十六日,足以从尼古习至宴只吉带之营帐,且从宴只吉带之营帐遣使至尼古习。③

然吾人未有任何理由以为圣类思如此迅速将倒的及马儿古思

189

---

① "此外,教倡安德,使团之长并国王委命之师傅,不久即给该国王送来一札。国王以其副本及宴只吉带来函之副本一并转呈法国,给自己的母亲、王后不朗失。"(第 32 卷第 94 章)

② 缪萨未言及宴只吉带的一封新的信札(《交际录》第 54 页),他也曾认为安德·龙如美只是在见到这一统将之后才致书圣类思。这同样也是由巴顿神甫近来表达的观点(《卢布鲁克》第 17 页),但他作为"肯定地"支持这种观点而援引的范珊·薄韦之原文——即我在前一条注释中刚刚转引者——丝毫没有指出过这一内容。

③ 安大奈此处所言,实则为安德·龙如美第一次出使时宴只吉带之营帐;我在前(第 170 页)已言及其不可能之理由。[索朗佐《教廷》第 134 页,称使团抵宴只吉带之营帐共去四十七日,此显然即指 1 月 27 日至 3 月 14 日之间之日子,而索朗佐将安德·龙如美信札抵尼古习之日期误为使团见到蒙古统将之日期。]

所携之宴只吉带信札送往法兰西。奥登·沙多鲁之札完全为同一事件而发，且亦涉及同样文件，其日期为 1249 年 3 月 31 日，由此可以使人预先推想，圣类思所送之札，附有同样文件，其日期显为同一日期，其中可能尚附有 3 月 14 日之来翰。第若宴只吉带驻地之远近，且不计宴只吉带之撰函至倒的将其函送达其间足有七个月之时间，吾人似亦不可能将其往来之时间缩减为 1 月 27 日至 3 月 14 日之内。即使圣类思之使者系直接取道安都，由安都至帖必力思需三十五日，往返则需七十日，尚需加上由尼古习至安都，以及由安都至尼古习。即使假设其遣回之信使为急差，安大奈之四十六日仍然不够。复次，吾人前已言及，且往返还将看到，宴只吉带并无任何理由而移往西方，与此相反，蒙古本土之形势已引起宴只吉带全神贯注。总而言之，若 3 月 14 日有新到之宴只吉带信札，且其中宣称安德·龙如美抵达蒙古统将之营帐，则吾人似不可能不从十五日后之奥登·沙多鲁或范珊·薄韦处以及约翰·萨拉森之信札中，获悉有关此函之来历及其内容。

　　安德·龙如美之使团在其长途旅行开始阶段的路线如何？流行之看法是该使团首先在亚洲沿岸之安都登岸。其说合于地理，且为约因维尔之正式记载所证实。[1] 现今吾人所见伯纳·吉之若翰·卡尔卡松传，仅系由苏埃热之转录而为吾人所知者，以为使团首先抵达"圣让答克，即古之托勒密城"。我不相信能得到或找出若何之证据，以说明使团曾南航经圣让答克，盖阿迦之书记狄奥多罗早已加入或刚加入该使团。谈到这位狄奥多罗之卢布鲁克行记称此人

---

[1] "国王之使臣抵达安都港；从安都再进向大汗处……"（维利编本第 168 页）。

在失普勒已与安德·龙如美同行。^①而若翰·卡尔卡松传之提及阿 191
迦,则系伯纳·吉记录唐纳迪厄同雷吉斯之说以达吾人者。吾人极
推测,讲述人之一在此造成某些混乱,盖彼等以阿迦为易大港,拉丁
人返回圣地时首先抵此,且其地为其最后之据点。

　　法兰西国王于 1249 年 3 月 14 日收到之札,泰半系安德·龙
如美于抵达蒙古人实际控制之毛夕里境内送出者。此后,至 1251
年 3 月使团回抵凯撒里亚时,其活动极为不明。约因维尔(第
168—175 页)于此曾提供许多有关蒙古人之情报,然部分系旧说,
部分纯属传闻,其中有一段极为走样之记载,间接涉及使团某一成
员,见于托马斯·康丁堡(第 525 页)之 *Bonum universale de
apibus*。然无论何人均未提及安德·龙如 192
美归来之后,而在卢布鲁克首途同一地区之前,是即吾人获得最精
确材料之来源矣。其记载仅为片断,吾人当据之以努力尝试述此
一重大之旅行,参与此次旅行者似未有人作出记录。^②

　　据约因维尔,使节于进向蒙古之旅途中,"从安都至大汗处,足
足走了一年,每日骑行十里"。(维利本,第 168 页)。据伯纳·吉
手稿所作之若翰·卡尔卡松传与之相反,据称"抵达圣让答克,即

---

　　① 我同意安大奈书(第 134 页)假设阿迦之狄奥多罗系以私人资格参加使团者,
故人们不以其为使团正式成员之两书记之一。［因之我未采索朗佐《教廷》第 134 页之
假设,彼称狄奥多罗(写作 Théodore)为使团之第二名书记。］吾人得知狄奥多罗滞留波
斯,1253 年始抵和林。罗克希耳《卢布鲁克行记》第 178 页)之译文微误,彼作"某一书
记自阿迦抵达彼处",原文(fuerat ibi quidam de Acon clericus)意为"某一阿迦书记抵达
彼处";此书记系阿迦人而自失普勒动身者。

　　② 巴顿神甫《卢布鲁克》和万嘉德神甫(《入华方济各会士传》第一册第 224 页)讲
到似乎掌握有一种由安德·龙如美所作之叙述,这是一种误解,出自对罗克希耳之《卢
布鲁克行记》的粗略阅读。

古之托勒密城,彼等尚需旅行一百日"。无论谁之旅程较为接近真实,吾人可确定旅行者在途中,一去一返,再计上尚不知停留时间,共约两年余。唯有关彼等行程之终点则众说纷纭。谬萨于 1822 年(《交际录》第 54 页)认为其终点为哈剌和林,察恩克于 1876 年(《长老约翰》第 83 页)得出相同结论。近日安大奈重复此说而未作出若何解释(第 110、136 页)。此外,罗克希耳(《卢布鲁克行记》前第 32 页)于 1900 年以及毕斯雷(《近代地理之开端》第二册第 318 页)于 1901 年均正式宣称使团抵达阿拉-库儿(Ala-köl)以东叶密立(Emil)河谷,前者又在巴勒哈失(Balkach)湖以东。拉斯图尔不采此说。吾人势须承认卢布鲁克之叙述不确切,未能做出直接解答,兹当据其所述,综合吾人所知之东方史料,以阐明贵由统治末期及其后继者在位时发生之事件。

193　　　约 1241 年 12 月 11 日,窝阔台去世,诸王准备聚会以选新汗,此时国政由其寡妻,中国史书所称之"六皇后"监摄,此妇即吾人习知之"秃纳吉纳"(Turakina＝Türäkinä),其真名似应为脱列哥那(Törägänä)。[①] 彼为一战俘,曾为一篾儿乞人之妻。[②] 剌失德丁或

---

① 《元朝秘史》第 198 节作朵列格捏(Dörätgänä);《元史》第 106 卷第 1 页上和第 114 卷第 1 页上作脱列哥那(T'o-lie-ko-na＝Törägänä);《元史》第 106 卷第 1 页下之"六皇后秃纳吉纳(Tunagina)",即脱列哥那之误。术外尼和剌失德丁之拼写法似为 Torägenä 之转。《元史》第 3 卷第 1 页下之脱忽列那,系以第二字母与第三字母易位,且第二字母读法有变化。欧阳玄之《高昌偰氏家传》作帖列聂(T'ie-lie-nie、Täränä)似脱落一字母。

② 剌失德丁(贝勒津《俄国皇家考古学会东方部丛刊》第五册第 74 页,及伯劳舍《蒙古史》第二册第 3 页)以为彼是兀洼思篾儿乞(Uwaz Märkit)人(Uhaz＝Uwaz;贝勒津本作 Uhur,伯劳舍本作 Uhat),叫做歹亦儿兀孙(Dayïr Usun),此人已为吾人所熟知。然剌失德丁有关篾儿乞人之叙述错误不少,且其本人亦承认其叙述有疑问。我则取《元朝秘史》第 198 节保留之较早传说,据此,脱列哥那嫁与兀都亦惕篾儿乞人之首长脱黑脱阿别乞之子忽都为妻。

即因此以其为蔑儿乞人。① 但据中国史书,彼为一乃蛮人(乃马真氏),即乃蛮人女性名称。② 吾人曾发现为数甚多之乃蛮人信仰基督教,蔑儿乞人则否,由此几乎确有理由据中国史书以脱列哥那为一女基督教徒。虽有此种传闻,且又有倒的在失普勒予以发挥,仍未能说明脱列哥那曾受洗。柏朗嘉宾曾在 1246 年夏见过脱列哥那,断然不信她曾受洗。尚需指出,脱列哥那善意接待因诺曾爵四世之使者,盖因其子贵由身边之基督教徒颇受优遇故也。质言之,不论脱列哥那究为基督教徒否,我仍以为此处中国史书较为可信;脱列哥那实为一乃蛮人,曾嫁与兀都亦惕蔑儿乞(Odoyït-Märkit)部脱黑脱阿别乞(Toqto'a-bäki)之子忽都(Qudu)为妻,其后,至迟1205 年,极可能在 1204 年,成为窝阔台之妻。

　　脱列哥那摄政历时四年半,后又成功地使其子贵由(生于1206 年)得选为汗。柏朗嘉宾参与新大汗之登基礼,举行仪式之地点距哈剌和林半日程,时为 1246 年 8 月 24 日。贵由贴身之重要廷臣哈答和镇海,均为基督教徒。贵由名虽即位,"朝政独出于六皇后云"。③ 六皇后即脱列哥那。多桑、韩迈以及追随他们之霍渥斯④毫无保留地称脱列哥纳在其子登基后两月,即 1246 年 10月去世。伯劳舍(《蒙古史·导言》第 170 页,另参看第 171 页)则正式称"斡兀立海迷失(Oughoul-Ghaïmish)及窝阔台之寡妻秃列

①　伯劳舍《蒙古史》第二册第 3 页。

②　《元史》第 2 卷第 3 页下和第 4 页上;第 106 卷第 1 页上;第 114 卷第 1 页上。

③　《元史》第 2 卷第 4 页上。术外尼(米儿咱·穆罕默本第一册第 200 页第 2—4行)之叙述相同。

④　多桑书第二册第 231—232 页;韩迈《伊勒汗史》第一册第 58 页;霍渥斯书第一册第 165 页。

乞纳哈敦（Tourakina-Khatoun）对参加蒙哥选举之诸王态度不逊"。据此，脱列哥那不仅在贵由去世时（1248）尚存，且参与1250年与1251年蒙哥即位之典。中国史书在此对吾人无大帮助。[①] 然多桑、韩迈及伯劳舍均未指出其所依据之史料。仅就吾人推断者而言，则脱列哥那于其子即位后两月去世之说，系出自术外尼书之一段（米儿咱·穆罕默本第一册第200页第4—6行；其说又录入把儿赫不烈思《西利亚记事》，见布林斯译本第525—526页），但术外尼未明言其时为即位后之"两个月"，仅称脱列哥那竟死于其子之前。与此种说法不同，剌失德丁（伯劳舍本第二册第135页第6—7行）叙述说，贵由去世后脱列哥那第二次摄政。二说似相矛盾，须对波斯史料详加查阅以定其正误。但有一事可以肯定，即贵由去世时，其国政非由其母脱列哥那监摄，而系其寡妻斡兀立海迷失掌管。如此，我倾向于认为：脱列哥那之死期应置诸1246年10月至1248年春季之间，并未活过其子贵由。[②]

贵由即位于哈剌和林，在此地与其信仰基督教之大臣逗留若干时间，据剌失德丁称，彼辈多对伊斯兰教徒持敌视态度（伯劳舍本第二册第249、254、273页；参见多桑书第二册第235页）。其

---

① 《元史》（第114卷第1页下）谓"至元二年（1265），[皇后脱列哥那]崩，追谥……。""崩"字仅为羼入。1265年为窝阔台之寡妻脱列哥那以及贵由之寡妻斡兀立海迷失接受追谥之年；后者和前者一样，是时已死去多年。

② [此书撰就时，米儿咱·穆罕默汗（我曾向彼征求意见）好意告诉我，脱列哥那死于贵由即位后"两三个月"之说，不仅见于术外尼书第一册第200页第4—6行，也见于第一册第201页第10行。此外，剌失德丁有类似记载，第二册第238页第2—3行；显系第二手材料者，尚有弘得米尔（Khondmir）书（孟买[Bombay]刊本，第三册第一编第33页。）此说与剌失德丁第二册第135页第6—7行之记载相矛盾，伯劳舍之说即由此而来，故可视其为误。]

后，1247 年贵由遣将四处征伐，特遣宴只吉带征西，似有意随后亲征。未几，贵由以健康为由，离和林地区返回其封地叶密立，未泄露其谋。中国史书称贵由于 1247 年秋起程，而据伊斯兰教著作更可能在 1248 年春；①1248 年 3 月（3 月 27 日至 4 月 24 日）死于横相乙儿（Heng-seng-yi-eul）；②据称其尸体运回蒙古高

196

198

----

①　见《元史》第 2 卷第 4 页上，伊斯兰教史料见多桑书第二册第 234 页（霍渥斯书第一册第 165 页）。

②　《元史》第 2 卷第 4 页上，把儿赫不烈思《朝代史》（波科克译本第 322 页）谓，贵由死于回历 647 年 11 月 9 日，即公元 1249 年 7 月 22 日，此日期又为提勒蒙所采用（《圣类思传》第三册第 221 页和第 417 页，但两处均作 6 月 22 日，非 7 月 22 日）；此日期似乎太晚。吾人即使倒推一年置诸 1248 年 7 月 22 日，仍与中国史料之 3 月 27 日至 4 月 24 日不合。我怀疑，然无大把握，多桑（第二册第 234 页之"1248 年 4 月"系引第二手之中文史料（极可能引自缪萨之《交际录》第 56 页）。我尚未发现术外尼书有关之记载。伯劳舍所编辑之剌失德丁书（第二册第 135 页第 6 行）以贵由死于回历 640 年，编者未作若何之论证。回历 640 年为 1242—1243 年，其时贵由尚未即位。我甚为遗憾，未能找出《朝代史》载录之另一日期之来历，我以为其文中包含有某种重要之情报。据剌失德丁（伯劳舍本第二册第 135 页第 4—5 行）贵由去世之时，"适值他抵达撒麻耳干（Samarqand）距别失八里（Beš-balïq）一礼拜之地"。此段话系由术外尼书（第一册第 215 页第 20—21 行）发展而来，术外尼谓"是时抵达撒麻耳干，距别失八里七日之路程"。《元史》明确指出贵由去世之地点为横相乙儿，《大方通鉴》（Ta-fang t'ong-kien）中变作胡眉斜阳吉儿（Hou-mei-sie-yang-ki-eul）（见《元史类编》第 1 卷第 16 页上；《蒙兀儿史记》第 5 卷第 5 页上，宋君荣［Gaubil］《成吉思汗史》［Hist. de Gentchiscan］第 106 页，戈尔迭《中国通史》第二册第 258 页）。此名之第二部分必为突厥语之 sängir（岬）。整个名字似应为 Qum-sängir（沙石岬）。其地未考证出来。术外尼书以及转录之剌失德丁书作撒麻耳干，似难令人同意。我以为其名系一错误，应为 Qum-sängir 之讹。伯劳舍本并未指出 Samarqand 之不同波斯文拼写法；然术外尼书之一个钞本作 Msgr.。把儿赫不烈思在撰写蒙古史部分时一般皆转录术外尼书，其《西利亚记事》以及《朝代史》均如此。《西利亚记事》并未提及"距别失八里城七日程"某地之名字，至少不见于布林斯之编本（原文第 508 页；译文第 526 页）；然在阿剌壁文之《朝代史》中，虽其处所记贵由之死期有误，吾人读到（原文第 492 页，译文第 322 页），贵由去世"他已经抵达 Komesteciae 地区，其地与别失八里（Bish Baleg）相距五日程"。"cinq"（五）一词为原文"sept"（七）之误。第若"Komestecia"，我以为应改作 Qum-sängir，（接下页注释）

原。[①]此时，拔都已抵窝勒伽河流域，向东前进，尚不明贵由之计划。

贵由之寡妻蔑儿乞人之斡兀立海迷失[②]先是秘不发丧，继则争

（接上页注释）　此为中国史料中所提及之地名，在术外尼书之一个钞本中尚保留大部原形，然在其他钞本中均讹为"Samarqand"。这一错讹为时甚早，剌失德丁使用术外尼钞本时似已出现。复次，术外尼之书以及抄录其书之人均未明言贵由抵达蒙古高原后，系死于抵达别失八里一礼拜之前，抑或死于已离该城一礼拜之后。我相信下述材料可供吾人解决此问题。经由别失八里之途，是即为南路，系隆冬季节所取之途，阿美尼亚王海屯一世于 1254 年 11 月 1 日离蒙哥宫廷归国时经由此道。吾人得知其旅程为：行三十日后，抵达 Qumaqur(或 Gumagur) 即 Qumsqur(或 Gumsgur)，并由此抵达"别儿八里"(Berbalikh) 和"别失八里"（见布莱慈奈德《中世记寻究》第一册第 168 页；帕忒迦诺夫本《蒙古史》第二编第 129 页，伯罗赛《阿美尼亚史家》第 178 页）；其道显然来自别失八里略东，非如帕忒迦诺夫、伯罗赛及其后之毕斯雷(《近代地理之开端》第二册第 386 页）所谓系经由巴尔库勒(Barköl) 者。我则以为"Qumsqur"(即"Gumsgur")极可能为 Qum-sängir 之讹。贵由死于抵达别失八里之前，其地点在亘延于别失八里北部和东北部直抵阿尔泰(Altaï) 之群山中。若此为真，则贵由不可能于 1247 年秋动身，迟至 1248 年 3—4 月尚未达别失八里，且吾人势须承认，贵由于 1248 年春始离蒙古高原，一月后死于途中。巴托尔德(Barthold)《伊斯兰教百科全书》[Encycl. de l'Islam]第一册第 700 页"拔都汗"条]已将把儿赫不烈思之"Komestecia"和术外尼之"Samarqand"并提，然未从中作出选择。彼指出，此所谓之"撒麻耳干"当在别失八里以北，沿"Uzungu"(读如"乌伦古"[Urungu])河去寻找。术外尼(第三册第 53 页第 5—6 行）以及录其文之剌失德丁(第二册第 299 页第 2 行）曾列举哈剌和林、别失八里之间三地名，其一为兀鲁黑塔黑 Ulugh-taq(= Ulugh-tagh"大山"），其次为 Mutqaï(?；其形因异写太多而不能确定），尚有一名，因错讹而无法辨识，伯劳舍读如 Tobolong，并谓其"显然"即系 18 世纪之 Tobolong，"在伊犁(Ili)之西北"。吾人只需查阅地图，即可明白伊犁及其西北并不在哈剌和林及别失八里之间；据剌失德丁钞本之不同拼写法，我以为此名仍有可能为 Qum-sängir 之讹，然我不能保其可靠。里施(《柏朗嘉宾行记》第 330 页) [以及索朗佐《教廷》第 135 页]仍如伯劳舍一样把别失八里考为乌鲁木齐(Urumci)。此处势需再次指出上说为一旧误，别失八里当在乌鲁木齐东北古城(Gučen) 附近及其西北一带。

①　据《元史》第 2 卷第 4 页上，贵由与其他成吉思汗王朝诸王一样葬于同一山谷中。

②　此名之复原并非完全可信，其第一部分，波斯作家拼写为 Oqul，《元史》则作斡兀立(Wo-wou-li，即 Owul)；其词当为突厥语 Oghul"儿子""王子"，然此（接下页注释）

取拔都以及诸王将帅，以期拥立其子火者斡兀立（Quča-Oghul），或者更严格说以期拥立其侄失列门（Širämün）。二者有一即位，其政权即仍在窝阔台系手中。[1] 然唆鲁禾帖尼别乞（Soyurghaqtani-beki）（出生于克烈族之基督教徒）之野心使斡兀立海迷失遭到挫折，前者争取拔都拥立蒙哥。唆鲁禾帖尼乃拖雷（Tului）之妻，蒙哥系其四子中之长子。贵由在世时，拔都已离其原驻之地，进至海押立（Qayaligh"多石之区"）七日程之某地，多桑（第三册第 246 页）称其地为阿剌塔黑山（monts Alactac），由此遂有霍渥斯（第一册第 170 页）之"Alak Tak"山，并且极自然地也

199

（接上页注释）　妇女名之前缀迄未有任何解释。第二部分或即 Qaïmïš，相当于汉语之 Hai-mi-che(海迷失)，亦为阿剌壁语之一种形式，也即是卢布鲁克之"Camus"，Camus 可能系 Caimis＝Qaïmïš 之讹（《元史》第 3 卷第 1 页上；第 106 卷第 1 页上；第 114 卷第 1 页下；伯劳舍《蒙古史》第二册第 228—229 页；贝勒津《丛刊》第五册第 75 页）。蒙哥有一斡亦剌妃子，其名相同（见伯劳舍第二册第 267—268 页；贝勒津《丛刊》第五册第 80 页）；此第二位斡兀立海迷失为 Širin 之母，Širin 必为昔里纳(Chirina)公主，一基督教徒之女，且认识卢布鲁克，吾人由此可得结论说斡亦剌人中亦有基督教徒，除非 Širin 之母仅在其婚后且受其基督教徒姑母之影响而始成为基督教徒。伊勒汗阿鲁浑之母亦称为海迷失（韩迈《伊勒汗史》第一册 323、360 页），其名纯为突厥语，然其义不明。海迷失尚为一达达公主之名，称为 Türä-qaïmïš（见贝勒津《丛刊》第五册第 68—69 页）。多桑（第二册第 246 页）将两个斡兀立海迷失弄混了，故谓贵由之妃为斡亦剌氏(Oïrat)；韩迈（《伊勒汗史》第一册第 57 页）著录甚明，然多桑之误曾经霍渥斯书第一册第 726 页采之。屠寄（《蒙兀儿史记》第五卷第 5 页）因之亦信其为斡亦剌人，而将斡兀立改作斡亦剌特，殊不知斡兀立几可确定为 Oghul 之对音也。

[1]　《元史·后妃传》（第 114 卷第 4 页）谓"定宗(贵由)崩，后(斡兀立海迷失)抱子失列门垂帘听政者六月"。此事不实。"垂帘听政"字样固适用于皇后之摄政者，然失列门非斡兀立海迷失子，并且早离怀抱之时，盖十二年前其父死时，失列门已不在襁褓之中，摄政期限必定不止六月，然此处所志年月颇不明了。《元史》此处似将斡兀立海迷失几近成人的侄儿失列门，同斡兀立海迷失尚在稚龄的长子忽察（万嘉德本《卢布鲁克行记》第 242 页谓其为"小儿"）混为一人。斡兀立海迷失似曾偕其稚子听政，盖伯纳·吉志有一事，似本若翰·卡尔卡松之说，谓安德·龙如美使团入见时，曾经"皇后同其子"接见；见后第 210 页。

就有玉耳之"Ala-tagh"(《契丹纪程》第二版第一册第 289 页),以及万嘉德(《入华方济各会士传》第一册第 43 页)之阿剌套(Ala-tau)山。此地虽有数处阿剌套(Ala-tau＝ Ala-tagh),然恐其中(至少就其名字而论)并无一个可供考虑者,因我不知道有任何史料提及阿剌套或阿剌塔黑山。术外尼书为吾人之史料来源,其书数处作阿剌豁马黑(Alaqmaq,或 Ala-qamaq?);[①]其名似应为《元史》第 3 卷第 1 页上之"阿剌脱忽剌兀"(Ala-toghra'u?)。[②] 拔都一面承认斡兀立海迷失之摄政,另一面则召集阿剌豁马黑大会(qurïltaï、qurïlta),时约为 1250 年。[③] 虽有斡兀立海迷失之代表八剌(Bala)反对,[④]蒙哥仍被推戴,并在第二次大会上得到承认,此

200

---

① 米儿咱·穆罕默汗本第一册第 217、218 注、223 页;伯劳舍《蒙古史》第二册第 135 页(即米儿咱·穆罕默汗本第三册未完稿之第 15 页第 12 行)。把儿赫不烈思《西利亚记事》(第 532 页)同《朝代史》(第 322 页)亦作阿剌豁马黑,盖采之于术外尼书者。巴托尔德在《伊斯兰教百科全书》第一册第 700 页拔都一条采用的是 Ala-qamaq 写法。

② 就字体方面言,调和此二写法之不甚劣的答解,似可假拟术外尼之阿剌豁马黑,乃 Ala-toghraq(或 Ala-tŏqraq?)之误,此言"有斑点的白杨树"是已。伯劳舍(《蒙古史导言》第 170 页)曾将《元史》之阿剌脱忽剌兀位在"斡难(Onon)河畔",则将两次大会混为一事矣。

③ 《元史》文意如此。提勒蒙《圣类思传》第三册第 418 页)谓推举蒙哥大会(阿剌豁马黑大会)在 1250 年 4 月 5 日以后开会,详见把儿赫不烈思《朝代史》第 326 页;检所引书固有其文,然未明言开会在 4 月 5 日以后。

④ 《元史》第 3 卷第 1 页;第 124 卷第 6 页。柏朗嘉宾在 1246 年所见贵由左右中之八剌,盖同一人也;《元史》谓为畏吾儿人。我于此处采《元史》之说。波斯史家所记第一次大会中发言之人不同,然所言大致相同。伯劳舍君(《蒙古史导言》第 170—171 页)采《元史》第三卷八剌之说,然参以《元史》第 114 卷讹误之文(其文后采入《通鉴纲目》而以为贵由后"在一丝幕后抱其子参加大会"。然贵由死后,斡兀立海迷失虽偕其子忽察(Quča)、脑忽(Naqu)二人赴拔都所,冀说之拥戴其子,然仅留"一二日"(参看术外尼书第一册第 218 页第 8 行;把儿赫不烈思《西利亚记事》第 532 页;《朝代史》第 326 页)。其事似在 1248 年,嗣后还贵由本人封地。屠寄《蒙兀儿史记》(第 6 卷第 2 页)将《元史》第 124 卷之"畏兀八剌"不解作畏吾儿人八剌,而析为畏吾儿台、八剌二人;是妄解原文也。八剌在 1251 年几被杀害,关于其后在畏吾儿国中之归宿,可参看多桑书第二册第 273 页。

次大会系在怯绿连（Kerulen）河之阔帖兀阿兰（Kötä'ü-aral）举行，①时为 1251 年 6 月（6 月 21 日至 7 月 20 日），②斡兀立海迷失之摄政于）焉告终，然仇隙即自此而始。

党于窝阔台系者不满意于大会之推戴，似欲谋变，其事并见《卢布鲁克行记》《元史》及波斯史家著录，③惟可异者，其事与成吉思汗时代之事大致相同，甚至告变之人名亦然。《元史》（第 3 卷第 2 页）所录 1251 年伏诛诸人名中有合答，质言之哈答（Qadaq），即

201

---

①　此名世人已熟识之，实应写作阔迭额阿剌勒（Köda'ä-aral），犹言"荒岛"，盖为怯绿连河沿岸之称；《元朝秘史》即在 1240 年在此地开大会时写毕。乾隆妄改其名作"Küïtän-ōla"，犹言"冷山"，已由亚森特（Hyacinthe）神甫书录入多桑书第二册第 253 页注一。

②　《元史》第 3 卷第 1 页。多桑（第二册第 253 页）著录蒙哥即位年月为 1251 年 7 月 1 日，未言出处。是乃术外尼（第三册第 29 页第 6 行）所志年月，世人久已识之，曾录入把儿赫不烈思《朝代史》第 326 页同《西利亚记事》第 532—533 页，甚至见于提勒蒙《圣类思传》第三册第 420 页（巴托尔德《伊斯兰教百科全书》第一册第 700 页拔都汗条以回历四月九日当 1251 年 6 月 30 日，然此回历月日在习用换算表如 Schram 之表中实应作 1251 年 7 月 1 日，此见诸提勒蒙同多桑二书者也）。剌失德丁（伯劳舍本第二册第 283 页第 9—10 行）以蒙哥即位年在猪儿年（1251 年 1 月 24 日至 1252 年 2 月 21 日），并明言在回历六四八年之十二月（1251 年 2 月 24 至 3 月 24 日）。然此表面的明了，似仅表示其在猪儿年初而已；要知剌失德丁书之换算仅蒙历年月为回历年月，时常讹误，不足为准。屠寄《蒙兀儿史记》（第 5 卷第 6 页）以拔都召集之第一次大会在一二四九年阴历四月（阳历 5 月 14 日至 6 月 12 日），正式选举蒙哥大会在 1250 年春，所据者是《元史》第 121 卷之兀良合台（Uriyangkhataï）传，此传泛言贵由死后蒙哥当选事，谓初次大会在一二四九年阴历四月；然比传所言兀良合台在大会发言事，此外中国史文同波斯撰作无一证其事者（宋君荣《成吉思汗史》第 108 页记兀良合台发言事，即本此传，又被戈尔选录入《中国通史》第二册第 261 页），观全传之文，足以表示当时之史传所据者，要为不甚确实的家传，所言之年代不能较确于《元史》同术外尼书也。

③　参看术外尼书第三册第 39 页第 6 行（未刊）；伯劳舍书第二册第 287 页；《元史》第 124 卷第 6 页；罗克希耳《卢布鲁克行记》第 163—164 页。

柏朗嘉宾所见贵由左右奉基督教的近臣之一。[①] 伊斯兰教撰作言宴只吉带之二子与谋,皆以石子堵其口而死,[②]其中一人名阿儿合孙(Arghasun)者,应是吾人所识《元朝秘史》(第 275、276 节)中之额勒只吉歹(宴只吉带)子哈儿合孙(Harcasun),[③]其人曾以语辱拔都。

至若宴只吉带本人似留波斯不敢归。[④] 然拔都忆其子辱己之

---

① 《元史》合答原名应作如是读,不可从伯劳舍(《导言》第 174 页;本文第二册第293—294 页)之说而增改作 Khata-Kirin。合答参加选举蒙哥大会同其伏诛事,术外尼书数言之,把儿赫不烈思(《西利亚记事》第 533—534 页)曾采其;并参看多桑书第二册第 269 页。阿塞曼尼(《东方丛书》第三册第二编第 480 页)妄以倒的所赍宴只吉带致圣类思书为合答(Cadachus)之书。

② 参看多桑《蒙古史》第二册第 259 页。

③ 关于此名者,可参看《亚细亚报》1925 年刊第一册第 205 页。剌失德丁书(第二册第 281 页第 6 行)著录列席大会者似即此人,而非伯劳舍君注谓也古(Yägü)之子哈儿合孙;盖也古子哈儿合孙不仅为大将,且为宗王;剌失德丁不应于左手诸王外别述之,左手诸王中首见著录者,即其父叔,术外尼书(第三册第 58 页第 2 行,未刊)明言宴只吉带子阿儿合孙也。

④ 韩迈(见前第 171 页)同沃尔夫(《蒙古史》第 385 页)假拟宴只吉带为札剌亦儿部人按赤带一说余所不取,伊斯兰教撰作谓在 1250 年大会发言者,即此札剌亦儿部人。屠寄《蒙兀儿史记》(第 6 卷第 2 页)采韩说;戈尔迭《中国通史》第二册第 260 页亦然,《元史》第 3 卷第 2 页列举伏诛诸人中之按只罕,伯劳舍(《导言》第 174 页同第二册第 293—294 页)以为是宴只吉带,其实是按赤带,即《元朝秘史》(第 277 节)在阿勒只吉歹(宴只吉带)外与掌吉(Jangi)并举之阿勒赤歹是已。《西利亚记事》之文较为困难。布林斯译文(第 533 页)作 Alsti noyan,而第 525 页(原文第 507 页)写宴只吉带之名作 Elsikäti 后无“那延”官号。既称前一人统兵西域,似指宴只吉带,然我以为把儿赫不烈思或其所本之源,疑指按赤带那延,盖原本将此《元史》认为伏诛之人,与术外尼所言后来逮于波斯之宴只吉带混为一人也。阿美尼亚史家祁剌柯思曾随其王于 1254 至 1255 年间往朝蒙哥,知共事必审,曾明言贵由死后宴只吉带未赴蒙古(参看帕忒迦诺夫《蒙古史》第二编第 74 页;伯罗赛《阿美尼亚二史家》第 172 页);伯罗赛译文如下:“[密谋反对蒙哥时],拔都闻讯,曾将宗亲数人同大员处死,中有名宴只吉带者,先经贵由遣往东方同阿美尼亚,代领拜住那延军。在道时闻贵由汗死讯,停留于彼地而待新主之立。有人诉之于东方统将拔都,谓其人骄傲,不欲奉彼为主。据云,此是不愿承认蒙哥汗之党羽。拔都逮之至,锁系之,处以极刑。祁剌柯思既不知宴只吉带于 1247 年抵外高加索信息,而于贵由死时似仅知其在从蒙古赴波斯道中,吾人由此可以断言宴只吉带未曾进至阿美尼亚,而以此地交际委之拜住。

旧怨，而蒙哥又恶其为贵由与斡兀立海迷失之旧人，不久命人往捕 203
之。1251 年至 1252 年冬间（1251 年 10 月 17 日至 1252 年 2 月 11
日），遣合丹（Qadan＝Qada'an）往系而杀之，[1]将宴只吉带家重列
户籍。[2] 皇室人员继之被祸。1252 年夏（1252 年 5 月 10 日至 8 月
6 日），皇后斡兀立海迷失同失列门之母皆被陷以巫蛊罪并遇害。[3]
失列门、[4]也速（Yäsü）、不里（Büri）[5]皆流谪。贵由二子忽察、脑忽 204

---

①　《元史》第 3 卷第 2 页之文如此；据波斯撰作，逮宴只吉带于呼罗珊之八的吉思
（Badghis），交与拔都杀之（参看多桑书第二册第 259 页）。两说可以调和，盖据术外尼
书（第三册第 61 页第 10 行），逮宴只吉带者乃火儿赤合苦罕（Qadaghan），其人即《元
史》之合丹也。

②　别言之，重纳赋役。

③　剌失德丁书（伯劳舍本第二册第 6 页第 13 行）世系表漏列失列门母之氏族，然
在部族篇中有之（贝勒津《丛刊》第五册第 152 页，第七册第 203 页；额儿德曼书第 90
页；韩迈书第一册第 61 页）。失列门之母是弘吉剌部人，其名在贝勒津本中作
Qadaqtaš，在额儿德曼同韩迈书中作 Qataqaš，伯劳舍本作 Qutaqtaš 或 Qutaqaš。似以
Qatāqāš 较为近似。术外尼书（第三册未刊本第 58 页第 7 行）作 Qadāqāc，此名曾录
入剌失德丁相对之文中（伯劳舍本第二册第 304 页第 2 行同附录第 12 页；然伯劳舍君
在此两段中忘记第二册第 136 页他持说不同的附注）。

④　观本编之旨趣，我对此失列门名称，不得不微贡一言。无论在蒙古文同阿剌壁
文之写法中，皆应读作 Širamun 或 Širämün，然汉文译名偏于后一读法，此与柏朗嘉宾
之 Sirenum（＝ Siremun），同卢布鲁克之 Siremon 读音相合。伯劳舍（《蒙古史》第二册
第 287 页）以此 Širāmün 为蒙古字 Širämün（或 Širin，Širimä 等），今日字书虽训为"青
铜"，而昔日训作"生铜"者是已（此字不若伯劳舍君之说系于 Širala'ul-，然系于古之
Širä-今之 Širi-，此言"熔"也）；是为当然令人思及之一说。然我在 1914 年（《亚细亚报》
1914 年刊第一册第 498 页）提出之答解与此异："Širamun 原来或是一个基督教名，盖
为不识 L 字母已久的东北伊兰之 Šlemun 的一种通常写法，即吾人所称之 Salomon；昔
从伊兰输入突厥蒙古，盖在事实上吾人曾见其地基督教徒多用此名；然此种解说只能
为一种假定而已"。前此所以使我作此答解者，盖此 Širamun 或 Širämün 名称曾见于斜
米列契州之聂思脱里教碑文（克沃尔孙书第三册 97 页），碑上得谓毫无蒙古语名称，仅
有西利亚、伊兰、突厥等语名称。今日我尚不以此说为确当，然以为较之 1914 年时更
有近真性，盖今见 Šilämün 为 Širämün 之对称也；可看术外尼书第三册第 26 页第 15
行；剌失德丁书伯劳舍本第二册第 280 页第 3 行；同册第 302 页第 2 行；（接下页注释）

以及也孙脱阿(Yäsün-to'a)[1]皆在军中被系。贵由左右信奉基督教的诸臣至是尽除,然蒙哥并不因此仇视基督教本身,其母信教笃,而新帝完全信任基督教徒博剌海(Bolghai),1254年卢布鲁克曾识其人于哈剌和林也。[2]

此历史的说明不幸未能使人确知安德·龙如美使团进至何地。第余即欲试于其中觅求若干指示也。

贵由殁于1248年3月27日至4月24日间,则至少先于宴只吉带作书之时一月矣。盖其书作于5月15日至24日间,越七个月始经倒的和马儿古思送至圣类思所。从古城附近用急递送达贵由死讯至帖必力思,一月时间固足送达。然宴只吉带得悉此讯显然甚晚;我敢断言其为斡兀立海迷失秘丧不发之所致。倒的、马儿古思至失普勒岛谒圣类思时或者亦无所闻。然至蒙古二使者同圣类思使团进至亚洲内地时,必已知之矣。

当安德·龙如美致圣类思书,而在1249年3月14日左右送达时,我以为作书之地在蒙古人直接统辖境地之内,疑在毛夕里境

(接上页注释) 又注五。窣利语(Sogdienne)之 Širämün 因西利亚语之直接介绍,遂重见焉。此事对于具有此失列门名称者与基督教之关联不无关系,绰儿马罕之子名失列门,吾人不以为异,盖绰儿马罕本人虽非基督教徒,然其妻弟二人奉基督教(见前第52页);至若窝阔台孙而贵由侄以失列门为名者,吾人应忆及贵由左右多基督教徒也。此外有一例,我不欲在此处讨论,即名昔班(Siban＞Šiban)者已有多人,中有一人是术赤子,得亦为一基督教的名称。

⑤ 不里前曾辱詈拔都,事见《元朝秘史》第275—276节;卢布鲁克所记之说较异,可参看罗克希耳本第136—137页。不里似不仅如《元史》之说流谪而已,疑已付拔都处死。

① 《元史》仅作"孙脱"只能为"也孙脱"之脱误。

② 可参看《通报》1914年刊第629页;术外尼书第三册(未刊)第37页9行;剌失德丁书(伯劳舍本)第二册第286页;罗克希耳《卢布鲁克行记》索引 Bulgai 条。——钧案:《元史》第3卷作字鲁合,今从《辩伪录》译名。

中。迄于是时,行程顺利,使团"举旗"经行"异教区域",赖有蒙古使者,质言之,倒的、马儿古思二人,供应得以无缺。第至蒙古使者同圣类思使团行抵宴只吉带营帐时,困难必开始矣。1249 年四五月间宴只吉带得悉贵由死讯已久,必已闻推选后任大汗之阴谋。则必不欲单独作答书,答法兰西国王;使团中人于初次接洽后无一人归国者,或因此故。由是安德·龙如美等,或有倒的在内,前进至于汗廷。

据约因维尔说,一年后,日行十英里,达于汗廷,又据伯纳·吉间接闻诸若翰·卡尔卡松之说,行百余日。事之确定者,则在使团已由尚在摄政的斡兀立海迷失接见,然卢布鲁克(罗克希耳本第163 页)断言安德·龙如美居留其地时,蒙哥业已当选。[①] 由是观之,安德·龙如美留居斡兀立海迷失驻地时,应在 1250 年阿剌豁马黑大会以后,蒙哥即位以前;后一事可以安德·龙如美于 1251年 4 月或其后不久还至凯撒里亚港一事证明,而蒙哥之正位应在是年 7 月 1 日也。

斡兀立海迷失未莅 1250 年拔都召集之阿剌豁马黑大会,前已言之,而在 1251 年阔迭额阿剌勒大会中,此后与其亲属亦无一人出席。现应知者,当时皇后系在哈剌和林,抑在叶密立境内。有利于哈剌和林一说者,可以根据《元史》葬贵由于蒙古东部起辇谷之记载而主张之,其事似表示贵由后不在蒙古西部,然据《元史》卷二"定宗崩后议所立未决,当是时已三岁无君;其行事之详,简策失书,无从考也"等语,足证 14 世纪时,中国对于斡兀立海迷失摄政

---

① 此语并不含有使团参加蒙哥选举之意,如戈尔迭之说也(《中国通史》第二册第397 页);此说显有误解,而其误应上溯至屠隆神甫(《名人传》第一册第 164 页)。

206

时，一无所知，而葬起辇谷一说，盖为例见的文章也。反之，斡兀立海迷失至阿剌豁马黑见拔都（疑在 1248 年），诸王密谋推戴，使者往来，迄于 1251 年之谋变等事，似证明窝阔台后人同斡兀立海迷失本人仍进至叶密立境内，而在贵由死后遂留居其地也。兹可以术外尼书（第一册第 217 页第 4 行）之一明白记载证之，据云，贵由死后，斡兀立海迷失与诸子居住火拔（Qobaq）同叶密立两河间贵由本人封地之内。[①]

207   处此情况中，我以为卢布鲁克行记有三段可以完全信任，不知何故未为世人重视。

卢布鲁克记其 1253 年去程时，言及乃蛮同哈剌契丹境外之"国王若翰"，并云（罗克希耳本第 110 页；万嘉德本第一册第 206—207 页）教侣安德由此抵于贵由汗所居之古利亚（Curia）。后述（罗克希耳本第 162—165 页；万嘉德本第一册第 240—242 页）过海押立后之行程，亦曾言及乃蛮地面之贵由汗的古利亚。并谓贵由死后，蒙哥因拔都之同意而当选，教侣安德适莅此。复次蒙哥致圣类思书经卢布鲁克译为拉丁文者有云（罗克希耳本第 249—250 页；万嘉德本第 308 页）："贵由死后汝使者抵其古利

208

---

①   原文应读若 Qobaq，米儿咱·穆罕默汗所采用的 Qonaq 写法误也。把儿赫不烈思相对之文（《朝代史》原文第 492 页；译文第 322 页），亦应读作 Qobaq，而非 Qotaq 或 Qoyaq。剌失德丁书（伯劳舍本）第二册第 15 页第 21 行之 Qoban 同第二册第 4 页第 8 行之 Qomaq，皆为 Qobaq 之误。术外尼书关于此名其他诸例，可参看巴尔托德《蒙古侵入时代之土耳其斯坦》(*Tukistan down to the Mongol invasion*)第二版第 362、393 页（连同《通报》1930 年刊第 52 页对于 Hobogo 改正之文）。瓦撒夫书（韩迈译本第 93 页）作 Qobaq 不误。此名数见中国史文；可参看布莱慈奈德《中世纪寻究》第一册第 161 页《元史》两例对音似是 Qoboq；尚须加入《圣武亲征录》之虎八（Qubaq）（王国维本第 64 页）。叶密立今尚为河名（额敏河）。Qobaq 今亦为博克（Qoboq）河名，在额敏河东。贵由本人封地即在此两河间。

亚。"前一段中之贵由的古利亚,应指其旧有叶密立封地中之"汗廷"无疑,贵由即为赴此"汗廷"而殁于中道(1248 年三四月);卢布鲁克盖因此已废的"汗廷"故引证有《耶利米书》(Jérémie)之词。卢布鲁克在第一段中明言安德·龙如美抵此汗廷。由是蒙哥致圣类思书中谓其使者于贵由死后抵其汗廷,应亦作是解。此与吾人从波斯文撰作引申之义亦合,斡兀立海迷失接见安德·龙如美使团之所,确在叶密立汗廷,而非哈剌和林也;似在 1250 年初抵其地,留居至于年中,总之,迄于阿剌豁马黑大会头次推戴蒙哥以后。

关于圣类思使者自海岸达于叶密立河之行程,吾人获有下述之若干情报,使团为赴宴只吉带所,显然先至帖必力思。[①] 颇难必其续向北行;总之,虽假拟宴只吉带营帐在北,——我不以此说为然——绕道往见,然在事后必回东南,沿里海南岸行。[②] 阿迦城之神职员泰奥迪尔先自失普勒随使团同行,即在此处与使团分别,后在 1253 年始抵哈剌和林。卢布鲁克曾识里海为内海,[③]据云(罗克希耳本第 119 页,万嘉德本第一册第 211 页),教侣安德曾循东南岸行,而彼则取道西岸。罗克希耳(《卢布鲁克行记》前第 33 页)因是推测安德·龙如美去时沿里海南岸行,归时则沿里海东岸行,

209

---

① 我以为毫无理由采取罗克希耳(《卢布鲁克行记》前第 32 页)、毕斯雷(《近代地理之开端》第二册第 318 页)、巴顿(《卢布鲁克》第 30 页)三氏之说,而谓使团自安都发足,于抵帖必力思以前,曾历迦帕多西亚(Cappadoce)之凯撒里亚、西瓦斯(Sivas)、额儿哲鲁木(Erzeroum)、梯弗利思等地。此种绕道不特无益,而且不能解释 1249 年封斋节半圣类思接到安德·龙如美信札之理。若谓安德·龙如美重循他在 1246 年秒或 1247 年初业已经行之安都,毛夕里一道,似乎较为自然。

② 据托斯图尔君说,"世人仅知王使曾受宴只吉带礼遇,曾偕之经行波斯……";吾人不知此说何所本。

③ 安大奈君(第 136 页)曾指出托斯图尔君误以此种重要的地理检定属之安德·龙如美,其实应属卢布鲁克。

盖去时蒙古人毫无理由使之经行无一蒙古大将驻兵之地。[①] 余意亦同。然细思之,不如谓归时仍循故道,我不信安德·龙如美曾经行里海、咸海之间。卢布鲁克记中之语未可过信,勿以为安德·龙如美同他本人诚环行里海一周也。只须安德·龙如美从里海东南角进向玉龙杰赤(Ürgänj),即可谓其经行里海东岸如卢布鲁克记中语;而其行程来去似同。在其或者经行的玉龙杰赤与叶密立汗廷之间,吾人赖卢布鲁克获有一确实据点,是即安德·龙如美见不里所俘日耳曼人之塔剌寺(Talas)(罗克希耳本第 136 页)。其余行程完全不明。

210　　　　关于斡兀立海迷失接待圣类思使者之事,说各不同。毕斯雷(《近代地理之开端》第二册第 319 页)谓摄政太后接待使者傲慢特甚。缪萨(《交际录》第 54 页)则谓皇后与其子既见国王礼物,待之优渥。我以为真相似在二说之间,然较近缪萨之说,蒙古人必视圣类思使者如同藩国来朝之使臣,是亦其答书表示之意;除此条件外,待遇使者必善,盖使者来朝可以满足其自尊心,而安德·龙如美对于东方习俗,甚至于蒙古习俗,早有经验,必不如阿思凌辈之固执。[②] 总之,圣类思礼物已蒙收纳,且以他物报之。约因维尔记载虽详,然不尽可靠,所记“达达大王”赠诸教侣物,仅有“负载面粉之马一匹,而此面粉来自三月程途之外”;[③]然伯纳·吉言有“礼

------

① 安大奈君(第 136 页注 30)之说与罗克希耳同。

② 若翰·卡尔卡松必不以其参加之使团所受待遇不善,可以伯纳·吉《因诺曾爵四世传》之文为证。此文言及斡兀立海迷失之“子”,未见其他西方撰作著录,疑亦伯纳·吉间接闻诸若翰者。

③ 见维利本第 174 页。约因维尔始终以为圣类思使者曾见大汗本人;对于贵由之死同斡兀立海迷失摄政事,毫无所知,蒙古人以游牧为生,而农产物来自中国或畏吾儿国。

品"(munera et exenia)，似间接闻诸若翰·卡尔卡松者。卢布鲁 211
克所携回之蒙哥答圣类思书亦云："贵由汗死后，汝之使者抵其汗
廷，海迷失曾以金锦(nasic)[①]同答书报之"。

　　蒙哥在此同一信札中对于倒的表示轻蔑之意，对于斡兀立海
迷失则辱詈之："名称倒的之人曾冒称蒙古使臣往使，并偕汝辈使
者来朝贵由汗……。[②] 欲知和战之事，欲保大国安宁，此贱逾于犬
一无所能之妇人乌能知之？"[③]世人要因蒙哥致圣类思书有是语，
故视倒的之奉使为伪。顾倒的是宴只吉带属下之人，而宴只吉带
本人又党于斡兀立海迷失；蒙哥在 1251 同 1252 年将宴只吉带、斡
兀立海迷失先后处死；则其否认倒的之奉使应属当然。

　　谓斡兀立海迷失不悉政务，未免过甚。缪萨（《交际录》第
54—55 页）于著录摄政皇后之赠品后，曾言："皇后附有信札；顾其 212
对于所治帝国西部之情势不甚详悉，致于和战未能决定。"是无异
重录蒙哥书语，然缪萨作此言，是将其所隐喻的摄政皇后信札忘
却，而此信札之一部分业经约因维尔保存也。[④] 斡兀立海迷失左
右不乏备咨询之人，与脱列格捏同，而所识之信札根本与贵由或蒙
哥本人口授者无异也。

　　斡兀立海迷失所赐之金锦，与其所附之信札，并未交于安德·
龙如美；蒙古汗廷亦欲利用机会自遣使臣偕往，名为赏给赠物，要

---

　　① 关于此种名称纳石失(nasij)之金锦者，可参看最后之考释，见《亚细亚报》
1927 年刊第二册第 269—271 页，同《通报》1930 年刊第 203 页。
　　② 此语足以令人思及倒的曾随安德·龙如美同赴斡兀立海迷失所。
　　③ 詈人为犬毫无足异；拜住曾向阿思凌怒语谓基督教徒为犬矣。
　　④ 缪萨后言及此札，以为约因维尔虽有"达达大王"之著录，关系者只能为斡兀
立海迷失或失列门；然似未解蒙哥书中所言者即是斡兀立海迷失信札。

是侦察国情。法兰西使者同蒙古使臣或者被留在阿勒波若干时；嗣后最早应在 1251 年 4 月在凯撒里亚城见法兰西国王。①

213　　蒙古使者递呈圣类思之斡兀立海迷失之信札，仅见约因维尔（维利本第 175 页）著录，其文曰："和平是好事，盖在和平之地，用四足行者可以安然食草，用两足行者可以安然耕田。用将此事谕汝知悉，汝不来附，则不能获有和平。盖长老若翰将向吾人奋起，②使众人执兵而斗，兹命汝等每年贡献金银，设若违命，将使汝与汝民同灭。"

右录之又显非全文，亦非直译之本。冒头所用之语并缺。此文对于安德·龙如美之往使，同斡兀立使臣之来报聘，皆无一语及之。若将此译本同 1248 年钞安德·龙如美在失普勒岛所译宴只吉带来书之忠实的译文对照，势须承认此多明我会士对于此书之翻译，未尝参与解释其理得有数说。斡兀立海迷失来书同 1254 年蒙哥来书相类，得皆用蒙古语，而写以畏吾儿文，乃安德·龙如美仅熟悉近东之语言也。此外吾人不知约因维尔在何时何处录此残文，意者越年既久，记忆不清，致仅存此数语。但如果我们能掌握有关这一时代的更多蒙文文献，那末我们就可能会感到某些措辞

---

　　① 戈尔迭（《中国通史》第二册第 396 页）或采缪萨说（《交际录》第 56 页），谓使臣见圣类思于阿迦；是与约因维尔所记不合。安大奈君（第 137 页）曾言圣类思在 1251 年 3 月 29 日至 4 月 15 日间驻在凯撒里亚，而引勒里希《耶路撒冷王国史》第 885—887 页为证，然此书记载此点不甚明了，安大奈君似未细读其文。圣类思在其间固往阿迦、凯撒里亚间建筑各处要塞，然以主要驻所凯撒里亚为其常驻之地，勒里希本人曾言（第 885 页）现存有圣类思于 1251 年 5 月至 1252 年 5 月间在凯撒里亚所写诸文也。勒里希在其《耶路撒冷王国史》第 307 页位置安德·龙如美抵凯撒里亚之时于 1251 年五六月。

　　② 斡兀立海迷失原书中必无此"长老若翰"，或者约因维尔原稿中亦无之，盖第 13568 号法文写本中即无是名，可以证已，疑是后人增入；加之此种句法结构亦不完全。

不太奇怪了。有关用四足行者安然吃草和用两足行者安然耕田的 214
内容在蒙哥信中的位置不必移动了，因为其中谈到那些不服从可
汗命令者，"他们将有眼，但看不见，且他们想握住某物，但将没有
手，他们想走路，但将没有腿"。下面的内容在蒙古人向周围各地
发出的敦促归降之文中经常出现。

　　圣类思之不满意于斡兀立海迷失答书，自不难想象有之，故约
因维尔云："国王颇悔遣使之失计。"但是倒的之张大其词，甚至语
言诞妄，虽已显明，暂时虽应将联合蒙古人共击伊斯兰教徒之计划
放弃，法兰西国王之传教热诚尚得在教侣安德陈述之语中得有若
干慰藉也。安德曾在蒙古人之辖境同藩国中见有不少基督教徒，
此外并知报达哈里发境内雅各派同聂思脱里派主教地位之不安
定，因是主张为宗教发扬计，有将若干多明我会同方济各会之传教
师升为主教之利益。圣类思乃致书于因诺曾爵四世，复由因诺曾
爵四世，以1253年2月20日教翰将举行祝圣典礼之全权，委之驻
在东方教廷公使奥登·沙多鲁。此种计划当时似未实行，[①]然此 215
种观念却未放弃；传教区域中公教神职阶级之组织，后在14世纪
初年颇见发展者，即萌芽于此圣类思陈请的而由因诺曾爵四世发
表的1253年2月20日教翰之中，然最初授意者盖为安德·龙如
美也。

　　此外圣类思虽不欲其主权重受蒙古人之侮辱，然始终情愿直
接赞助劝化安德·龙如美所谓志愿皈依之人民入教。决遣卢布鲁
克之东行(1253—1255)，固因嗣后别闻他说，谓拔都之子撒儿塔黑

---

　　① 卢布鲁克(罗克希耳《行记》第282页)曾建议派一主教赴达达地方，然仅用使
臣名义而有向蒙古人发言同取得明白答复之权。

业已领洗,要因安德·龙如美之报道有以致之。卢布鲁克有时高声宣言,有时慎密声明其非法兰西国王专使,然不免持有法兰西国王之介绍书,对于此种仅在形式上晦而不明的地位发生误会者,不仅蒙古人而已。① 无论如何,根据卢布鲁克所记教侣安德奉使之细情,无一证明其本于迄今未见著录的一种笔记,而使人承认卢布鲁克赴孔士坦丁堡与亚细亚高原以前,曾在 1251 年杪或 1252 年中与安德·龙如美会晤于巴勒斯坦也。

216　　　　最后有一批奉使之多明我会士,吾人尚未悉其始末,或者与安德·龙如美归来陈述之说不无关系。卢布鲁克几在其行程终了时,于 1255 年 2 月 2 日在阿尼(Ani)地方遇见多明我会士五人,其中四人法兰西籍,别一人在西利亚加入,持有因诺曾爵四世致撒儿塔黑、蒙哥、不里等信札而赴蒙古人所。② 罗克希耳、巴顿神甫(第86 页)、安大奈君(第 138—139 页)、万嘉德神甫等以此使团与一行抵阿纳格尼(Anagni)地方名称若翰之阿美尼亚籍司铎有其关系,而此司铎自命为业已入教的撒儿塔黑之礼拜堂的教师;其人在普伊(Pouille)被德意志国王康拉德(Conrad)拘留,王死(1254 年 5月 21 日)后始获释,得达教皇所,因诺曾爵四世曾礼遇之。③ 我不信此种比附具有理由。吾人固有因诺曾爵四世致撒儿塔黑书一件,作于 1254 年 8 月 29 日,教皇在书中谓闻礼拜堂教师若翰言,

---

① 其实只有圣类思致撒儿塔黑信札一件,毕斯雷(《近代地理之开端》第二册第320 页)谓有"致达达皇帝同蒙古宗王撒儿塔黑等书",误也。

② 罗克希耳《卢布鲁克行记》第 274 页;万嘉德《入华方济各会士传》第一册第326 页。卢布鲁克在结言中重提诸人(《入华方济各会士传》第一册第 331 页)。

③ 戈鲁波维次神甫(第二册第 389 页)假拟其是聂思脱里教徒;然尼古拉·卡勒维两言此若翰是阿美尼亚籍司铎。

知此蒙古宗王入教,特致书贺之;①然无一证据表示赍送此书者是
多明我会士,我且以为离真相大远,后此别有说。②关于致蒙哥与　217
不里之信札,毫无踪迹可寻。然应注意者,纵或有之,当然在卢布
鲁克报告以前,盖其遇见持有教皇信札之多明我会士时,本人尚在
途中。而在此处加入考证之列者,应为安德·龙如美。所有卢布
鲁克行记写本,皆谓不里是接受教皇书之一人。惟罗克希耳(第
274页)忆及不里在1252年已被拔都处死,曾疑此处不里名称为
拔都名称传写之误;万嘉德神甫(第326页)提出同一问题,安大奈
君(第139页)遂决定改不里为拔都。此种改订似无必要。拔都之
名在卢布鲁克记中较不里之名为常见,盖卢布鲁克除此段外,仅于
不里为塔剌寺德意志俘虏之主人一节言及不里之死,传写讹误似
无其事,而且与理未合。又一方面,不里被拔都杀害事,得谓确在
1252年,总之,卢布鲁克确信事在斯年;然传布此基督教界尚未知
悉之消息者,盖为卢布鲁克;则在卢布鲁克未归前,因诺曾爵四世
致书于已故之不里,亦无足异。

　　不里在成吉思汗系诸宗王中不甚知名,缘何得蒙教皇致书。　218
卢布鲁克行记本文可以供给答复也。安德·龙如美曾言及不里安
置在塔剌寺之德意志籍奴仆,卢布鲁克因此曾在拔都、撒儿塔黑营

---

①　关于1254年8月29日信札者,可参看里纳尔迪书1254年下第2—4号;贝尔
热《因诺曾爵四世册籍》第8315号;戈鲁波维次书第二册第389页;安大奈书第139页
注①。缪萨《交涉录》第61页),罗克希耳(《卢布鲁克行记》第274页)误作9月4日缪
萨并误以此司铎若翰之"奉使",仅因因诺曾爵四世信札得传于世。记载始终确实之尼古
拉·卡勒维曾在其《因诺曾爵四世传》第39章中专言撒儿塔黑入教及其后遣使事也。

②　尼古拉·卡勒维明言持教皇书还报其主者,即是此阿美尼亚籍司铎本人。此
若翰如果真是撒儿塔黑左右之人,归时将不复见其主在董河(Don)同窝勒伽地带,盖自
1254年7月始,撒儿塔黑首途东行往朝蒙哥,遂不复还。

帐作详细调查。迨至此方济各会士行抵塔剌寺时，复又关心于此类德意志籍奴隶，其地人对于奴仆毫无所知，惟言其主不里已死。自此访求达于蒙哥帐，皆无音信；后闻人言蒙哥已将此类德意志籍奴仆徙于塔剌寺东，抵于普剌（Bolat、Pulad、Bolod）地。嗣后在1254年复活节前后有人来至普剌，以慰藉音信告卢布鲁克，言该德意志籍司铎（普剌地方的）不久将莅大汗廷。然逾数星期尚未见此司铎来，1254年5月31日卢布鲁克末次觐见蒙哥时，曾面请赍送答书于法兰西国王后，许其重来此地为普剌之日耳曼人执行教职。[①] 并言此行多为彼等而来，我以为安德·龙如美所言此类德意志籍奴仆之隶属不里并缺宗教救济事，不仅对卢布鲁克一人言之，几显而易见。职是之故，1254—1255年间遣派多明我会士往使蒙古时，目的之一即在与塔剌寺德意志人之主人不里接洽，俾得为此类德意志人举行圣事，尚信此不里尚在人世，而势力甚强也。[②] 此法国多明我会使团，似即由法国教区"堕泪会"选择之人员组织之。[③] 卢布鲁克据其新近获得之经验，以其事必无成就，劝

219

220

① 参看罗克希耳《卢布鲁克行记》第238页。

② 此说唯一可驳之点则在卢布鲁克行记中谓多明我会士所持信札乃致撒儿塔黑、蒙哥、不里者；本人虽知不里已死，而未作何种说明。惟其行记仅附带言及此类信札；似可不必重视。

③ 关于此"堕泪会"者，可参看前第71—73页；因有种种理由，此使团不得为1245—1248年间之阿思凌使团；1245—1247年间之安德·龙如美使团仅有使者二人，而教侣安德疑是移交荆冠之人，则已先莅东方，其指派之方法，与此"堕泪会"之记录不合。赖歇特曾拟将"堕泪会"与1253年2月20日教翰所言之办法共连系；我曾说明此说不足采之理，而主张将1254年2月26日教翰提出，是即介绍"赴达达宣布天主言语"的多明我会士于谷儿只诸主教之教翰也。我始终主持此说，然早应引证卢布鲁克在阿尼遇见之多明我会士使者五人（法国教区四人，在西利亚加入者一人）。（接下页注释）

不必往,诸多明我会士遂决赴梯弗利思修道院征求同会僚友意
见。[①]卢布鲁克云"其后不知所终"。吾人亦未详其踪迹;惟诸会士
似已成行,盖翁贝尔·罗曼当选为本会会长以后,曾在其 1256 年
之通行信札中言及此类奉使往达达所之会士也(参看前第 72 页)。
其后事迹无考,殆与其他尝试同流产矣。

安德·龙如美之一切旧传,皆谓其留在巴勒斯坦迄于 1253

(接上页注释)　在 1253 年杪法国教区区会中指派,用 1254 年 2 月 26 日信札介绍之于
谷儿儿诸主教等,似在同年春季航海期间进抵西利亚。虽持有教皇致撒儿塔黑、不里同
大汗蒙哥之介绍书,要为一种专事传教之重要使团,发起此事者必非法国区会,则与哲
劳德·弗拉歇所记"堕泪会"事完全相符。难者曰,使团在 1254 年初虽已准备出发,并
经 1254 年 2 月 26 日教翰介绍,然不得有一致撒儿塔黑之介绍书,盖司铎若翰仅在 1254
年 5 月 21 日后至阿纳格尼宣布撒儿塔黑入教消息也。要知我即不信卢布鲁克在阿尼
遇见之多明我会使团,与 1254 年 5 月 21 日后抵阿纳格尼并持有同年 8 月 29 日教翰出
发之阿美尼亚籍司铎若翰有其关系。惟关于撒儿塔黑入教之传言早已流行;1251 年时
巴勒斯坦地方已知其事,而卢布鲁克在 1253 年初别圣类思时,即携有法兰西国王致此
假拟信教的蒙古宗王之信札一件也。由是观之,无须司铎若翰之来,即可使因诺曾爵四
世以致撒儿塔黑书交给法国多明我会士。提勒蒙《圣类思传》第三册第 484 页已假拟阿
尼之多明我会士,即是因诺曾爵四世 1254 年 2 月 16 日教翰介绍于突厥算端(科尼亚
[Koniah]城算端)同谷儿只诸主教之多明我会士。其实有不同的信札两件,一致突厥算
端,作于 1254 年 2 月 16 日(贝尔热书第 7780 号),一致谷儿只主教,作于 1254 年 2 月
26 日(贝尔热书第 7781 号)。我仅引证后一信札,缘其涉及达达之信札,至若致突厥
算端信札,而其文曾见里纳尔迪书 1254 年下第五号著录者,仅涉及应留此算端国中之
多明我会士。别有一文或者可以参加此处考证之列。前此已言 1253 年 2 月 20 日信札
为间接本于安德·龙如美使团之信札,然我并附带引证到 1253 年 7 月 23 日之教敕。
此教敕冒头中所列举的无数民族,中有"达达国中信奉基督教的俘虏";所隐喻者必是安
德·龙如美所言不里所俘之德意志人。

　①　关于此梯弗利思之多明我会修道院同 1240 年派至此院之修士者,可参看前第
96 页同安大奈书第 67—68 页。

年,盖在是年,以其经行蒙古事告之卢布鲁克,惟其后事迹未详。案 1253 年的年代非确实年代,盖卢布鲁克于 1253 年初即从巴勒斯坦赴孔士坦丁堡,[①]会见安德·龙如美时,只能位在 1251 年杪,或 1252 年之某一时期。此外尚可假拟此多明我会士与圣类思相随,至 1254 年 4 月 24 日或 25 日与此国王同登舟。惟可异者,在拉斯图尔君之前,未见一人引证到《法兰西大记》采辑之一文。

　　多明我会士格奥弗鲁·比奥留(Geoffroy de Beaulieu),圣类思之接受告解人也,曾述此国王在突尼斯弥留事,谓国王弥留时,左右询问何人能传教突尼斯,国王以前此传教突尼斯之宣教会士答之。[②] 威廉·南吉斯所录之文大致相同。[③] 然《法兰西大记》(第四册第 426—427 页)云:"国王授遗命于其子菲力帛后,病势日增。……有人以何人能传教突尼斯询之,国王谓教侣安德·龙如美熟悉突尼斯之一部分语言,且得突尼斯王之爱敬,命其传教此地,足胜此任……"

　　《法兰西大记》此文悉遵格奥弗鲁·比奥留之说,至其补入之文,似无可疑之理,余意与安大奈君(第 110 页)之意同也。准是以观,安德·龙如美既谙悉阿剌壁语,曾在 1270 年前获有突尼斯王木思坦昔儿(Al-Mustansir)之同意传教突尼斯。则此多明我会士 1270 年尚存,然未随圣类思之十字军同行,或因年事已高,诚如拉斯图尔君之说也。其人显得国王信任,盖国王临危时尚称此教士

---

　　① 自罗克希耳以后,世人大致以卢布鲁克 1252 年寓巴勒斯坦;然罗克希耳之说实本于一种误解,我在行将付梓之《柏朗嘉宾、卢布鲁克两记余论》中别有说明。

　　② 《历史汇编》第二十册第 23 页。

　　③ 《历史汇编》第二十册第 460—461 页。

名，则得寻究此安德·龙如美既在东方执有一种大任，并在教廷同法国与诸异派基督教徒、伊斯兰教徒、蒙古人之交际发展中，大尽其力而不为世人所识，疑亦为发动圣类思十字军进取突尼斯者之一人也。[①]

①　拉斯图尔君曾试欲确定安德·龙如美居留突尼斯之时代与情形，我以为就现在知识状况言，此类假说，既无证以驳其非，亦无证以明其是，我与安大奈君（第 109 页）之意同也。

索　引

（索引页码为本书页码，即中译本页码）

图书在版编目（CIP）数据

蒙古与教廷／（法）伯希和著；冯承钧译. -- 北京：
商务印书馆，2024. --（丝路历史名著丛书）. -- ISBN
978-7-100-23591-4

Ⅰ. D829.547

中国国家版本馆 CIP 数据核字第 2024BQ1097 号

丝路历史名著丛书

蒙古与教廷

〔法〕伯希和　著

冯承钧　译

商 务 印 书 馆 出 版
（北京王府井大街 36 号　邮政编码 100710）
商 务 印 书 馆 发 行
北京中科印刷有限公司印刷
ISBN 978 - 7 - 100 - 23591 - 4

2024 年 11 月第 1 版　　　　开本 880×1230 1/32
2024 年 11 月北京第 1 次印刷　印张 6⅜
定价：49.00 元